> 미세먼지 걱정NO!

허쌤의 짬짬이 교실놀이 시즌2

아이들을 사로잡는 교실놀이

글 허승환 그림 허예은

꿀잼교육연구소

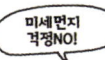

허쌤의 짬짬이 교실놀이 시즌2
아이들을 사로잡는 교실놀이

초판 1쇄 발행일 2019년 07월 01일
초판 3쇄 발행일 2022년 06월 02일

지 은 이   허승환
그 린 이   허예은
만 든 이   임원미
펴 낸 곳   꿀잼교육북스
주   소   경기도 하남시 선동 427 1003-2203
이 메 일   rimalice@naver.com
팩   스   0504-075-3872
등록번호   제 2018-000016호
ISBN   979-11-965117-3-9 (03370)

· 책값은 표지 뒷면에 있습니다.
· 이 책은 꿀잼교육북스의 허락 없이 본문의 일부 또는 전부를 무단으로
  복제하거나 다른 매체에 기록할 수 없습니다.
· 파본이나 잘못 인쇄된 책은 구입하신 서점에서 교환해 드립니다.

┌───┐
│ 이 도서의 국립중앙도서관과 출판예정도서목록(CIP)은 서지정보유통지원시 │
│ 스템 홈페이지(http://seoji.nl.go.kr)와 국가자료공동목록시스템(http://www. │
│ nl.go.kr/kolisnet)에서 이용하실 수 있습니다.(CIP제어번호: CIP2019022607) │
└───┘

허쌤의 짬짬이 교실놀이 시즌2

아이들을 사로잡는 교실놀이

프롤로그

놀다보면 '나'보다 '우리'가 자라납니다

　짧지 않았던 교직에서의 제 삶은 '드근두근 놀이수업', '두근두근 운동장놀이', '토닥토닥 심성놀이', '교실속 평화놀이', '허쌤의 짬짬이 교실놀이', '허쌤의 수업놀이' 등 '놀이'라는 키워드에 천착해 살아왔던 세월이었습니다.
　아이들과의 첫 만남은 제겐 두고두고 씻지 못할 죄를 지은 시간이었습니다. 아이들이 저를 싫어한다고 생각하며 살았고, 스스로도 좋은 교사라는 생각을 하지 못하고 살던 시절이었습니다. 1996~1997년, 놀이를 통해 아이들과의 관계를 회복하기 시작했고, 교실에서 다양한 노력을 했습니다. 매일 한번은 놀이를 한다고 생각하고 살았고, 아이들과 만나 했던 놀이는 어떻게든 기록으로 남겼습니다. 아직 인터넷도 대중화되지 않았던 때라 뒤늦게 그리 정리했던 놀이를 HTML 태그를 이용해 만든 홈페이지에 올렸습니다. 거의 일 년을 방치하다 '카운터'와 '방명록'서비스를 알고 달아두었더니… 저 멀리 제주에 계신 한 선생님의 글.

"선생님이 올려주신 글 덕분에 아이들과 즐겁게 놀았습니다. 감사합니다."

　별 사연도 없는 글이었지만, 제 마음 속의 파장은 엄청났습니다. '우리 교실에서 했던 놀이가 저 바다 건너 이름도 모르는 어느 교실의 아이들까지 즐겁게 해주었다니!' 이런 생각은 얼마나 제 심장을 흥분시키고 터질 것처럼 만들었던지

그때부터 홈페이지에도 매일 하루에 하나씩은 놀이를 풀어 올리려 노력했습니다. 그리고 그런 노력이 여기저기 소문나더니 티처빌 원격연수원에서 연락이 왔습니다. 한 번도 강의해보지 않은 저를 믿고 놀이로 원격연수를 만들자는 것이었습니다. 거절할까 고민하다 2003년 처음 만들었던 '원격연수' 제목이 바로 '아이들을 사로잡는 놀이수업'입니다.

  60차시짜리 '아이들을 사로잡는 놀이수업' 원격연수는 그 당시 가장 많은 수강생이 몰리는 최고의 인기 강좌였습니다. 아마도 아이들을 사로잡는 건 제가 아니라 '놀이'였기에 가능하지 않았나 싶었습니다.

  2017년 6월, '허쌤의 짬짬이 교실놀이'책이 출간되고, 이 책을 통해 아이들과의 관계를 회복할 수 있었다는 여러 선생님들의 연락을 받고 한껏 고양되었을 때, 그때 담지 못했던 놀이들을 다시 한 번, 두 번째 책으로 엮어야지! 욕심이 시작되었습니다. 그리고 이제는 폐강된 '아이들을 사로잡는 놀이수업' 이름도 가져와 꼭 책으로 생명을 불어넣고 싶었습니다.

  2019년 3월 아이들과의 첫 만남은 유난히 미세먼지로 인해 얼룩진 시작이었습니다. 아이들과 놀이로 좋은 관계를 맺을 황금과 같은 시기에 운동장은 나가지 못하는 날이 허다했고, 강당은 1주일에 한 번밖에 사용하지 못할 형편이었습니다. 운동장 체육을 마음껏 못해 안타까워하는 아이들 모습 보며, 또 그런 아이들 옆에서 놀지 못해 미안해하는 선생님들을 보며, 그때부터 하나하나 교실놀이를 치열하게 고민하며 엮기 시작했습니다. 두 번째 책은 교실에서 놀이를 하되, 운동량도 있어 땀 흘리며 즐거운 놀이들을 더 많이 담고 싶었습니다.

'한국 어린이·청소년 행복지수 OECD 꼴찌', '자살, 청소년 사망원인 1위', '어린이·청소년들 5명당 1명꼴로 자살 충동 경험' 신문 기사에 오르내리는 몇 가지 통계만 살펴봐도 우리 아이들이 얼마나 불행한 삶을 살아가고 있는지 쉽게 알 수 있습니다. 아이들이 다른 친구들과 건강한 관계를 맺고, 즐겁고 행복한 경험을 할 수 있는 건 '놀이'만한 게 없다고 생각합니다.

1. 미세먼지 걱정 없이 땀 흘리며 노는 체육놀이
2. 팀을 나눠 겨루며 뿌듯한 승부놀이
3. 우연이 함께 해 더욱 즐거운 행운놀이
4. 동그랗게 모여 흥겨운 서클놀이
5. 협력하며 친구의 소중함을 느끼는 협력놀이

다섯 꼭지로 나누어 46가지 놀이를 알차게 담았습니다. 놀이마다 '이렇게 놀면 더 재미있어요.' 코너에 2~3가지 놀이를 더하니 무려 120개 가까운 놀이가 담겨 있습니다. 52주, 일 년 동안 매주 2~3번씩 다른 놀이를 해도 충분한 정도의 양입니다. 전작 '허쌤의 짬짬이 교실놀이'와 적절히 섞어 활용하시길 추천합니다.

"놀다보면 아이들 마음속에 '나'보다 '우리'가 자라납니다."

교육 현장뿐만 아니라 놀이가 필요한 모든 분들께 큰 도움이 될 거라 생각합니다. '아이들을 사로잡는 교실놀이'를 통해 선생님과 아이들이 더욱 행복해졌으면 좋겠습니다.

허승환

차 례

프롤로그　6

part 1. 미세먼지 걱정없이 땀 흘리며 노는 체육놀이

01　한 바퀴 더 돌아야 하는 수건돌리기　16
02　수건 없이 즐기는 인간 수건돌리기　21
03　세 팀으로 나누어 격렬한 3구역 풍선배구　26
04　펄쩍펄쩍 뛰는 모습이 귀여운 돼지피구　31
05　굴러오는 짐볼을 피해라 교실 짐볼피구　35
06　상대 팀의 빈 구석에 던져라 쓰로우볼 게임　40
07　가볍고 오래 떠있어 즐거운 빅발리 볼 배구　44
08　친구의 피자를 떨어뜨려라 피자배달 게임　49
09　책상 속으로 던져라 교실 칸잼 게임　53
10　굴러오는 공을 피해라 가가볼 게임　58

part 2. 팀을 나눠 겨루며 뿌듯한 승부놀이

01	스타킹 코로 물병을 쓰러뜨려라 코끼리 행진 게임	66
02	미션 60초를 잡아라! 미니올림픽 게임	71
03	의자가 점점 줄어든다 격렬한 열차 게임	78
04	율동과 함께 가위바위보 왼발을 들고 콩콩콩	82
05	학기 초 이름 외울 때 까꿍놀이 먼저 이름을 외쳐라	88
06	우리 팀 바이러스로 감염시켜라 행복바이러스 게임	93
07	어휘력이 쑥쑥 느는 훈민정음 게임	98
08	넷이 차례대로 이어 외쳐라 넷이서 한마음 게임	102
09	스파게티면을 하늘 끝까지 마시멜로 챌린지!	107

part 3. 우연이 함께 해 더욱 즐거운 행운놀이

01	그림을 그리며 짜릿한 그림마피아 게임	114
02	그림 릴레이로 이어달리기 릴레이 그림 챌린지	120
03	그림 글이 뒤범벅 대혼란의 텔레스트레이션 게임	126

04   우왕좌왕 서로의 생각을 읽는 그림 끝말잇기   **132**
05   경청 능력을 키워라 그림 텔레파시 게임   **137**
06   핑퐁 탁구공을 던져라 계란판 빙고   **144**
07   눈치 보며 즐거운 마피아 초코볼 게임   **150**
08   꿈속의 살인을 막아라 예지몽 게임   **155**
09   우리 편을 늘려라 곰 연어 모기 게임   **160**
10   그동안 어떻게 보냈니? 친구 찾기 게임   **165**
11   투명 끈으로 삼각형을 만들어라 정삼각형 만들기 게임   **171**

part 4. 협력하며 친구의 소중함을 느끼는 협력놀이

01   몰래 고개를 들어라 잠자는 코끼리 게임!   **180**
02   앗 뜨거워! 뜨거운 용암이다 용암을 건너라 게임!   **186**
03   우리 모두 애벌레가 되어 횡단하기 게임   **193**
04   두근두근 미션 임파서블! 레이저를 피해라 게임   **199**

05 아슬아슬 지뢰밭에서 실내화를 피해라 게임   204
06 복잡한 거리는 그만! 교통정리 게임   208
07 공을 원하는 구멍으로! 투게더 홀인 게임   214
08 주문대로 의자 위에 올라라 의자위 라인업 게임   218

part 5. 동그랗게 모여 흥겨운 서클놀이

01 오직 한길만 가자 개미술래 게임   228
02 소속감을 길러라 협동의자 만들기   233
03 친구들과 비겨 한 팀이 되자! 텔레파시 가위바위보 게임   238
04 성취감과 협력하는 태도를 키워주는 협력 저글링 활동   243
05 으스스 무시무시한 유령열차 게임   250
06 우리 반 마음이 딱딱 맞는 박수갈채 게임   255
07 서로서로 발끝에 걸어 실내화를 옮겨라!   260
08 서로의 팔을 모아 팔등으로 공 전달하기 게임   265

part 1. 미세먼지 걱정없이 땀 흘리며 노는 체육놀이

01　한 바퀴 더 돌아야 하는 수건돌리기
02　수건 없이 즐기는 인간 수건돌리기
03　세 팀으로 나누어 격렬한 3구역 풍선배구
04　펄쩍펄쩍 뛰는 모습이 귀여운 돼지피구
05　굴러오는 짐볼을 피해라 교실 짐볼피구
06　상대 팀의 빈 구석에 던져라 쓰로우볼 게임
07　가볍고 오래 떠있어 즐거운 빅발리 볼 배구
08　친구의 피자를 떨어뜨려라 피자배달 게임
09　책상 속으로 던져라 교실 칸잼 게임
10　굴러오는 공을 피해라 가가볼 게임

한 바퀴 더 돌아야 하는
수건돌리기

'수건돌리기'는 따뜻한 잔디밭이나 운동장, 공원 등 동그랗게 둘러앉을 수 있는 곳이면 어디서나 많이 할 수 있는 대표적인 짬짬이 놀이입니다. 누구나 쉽게 할 수 있고 대부분의 아이들이 놀이 방법을 알고 있기 때문에 교실에서 적용하기에도 손색이 없는데, 의외로 하지 않는 놀이이기도 합니다. 미세먼지로 운동장을 나가지 못하게 된 날, 아이들과 둘러앉아 도전해 보세요.

 **놀이방법** 책상과 의자를 벽으로 밀어놓고, 동그랗게 모여 시작합니다. 준비물은 수건 하나만 있으면 됩니다.

01 동그랗게 둘러앉은 후에 술래 한 명을 뽑는다.

02 술래는 수건을 감추어 들고 시계 반대 방향으로 아이들 주위를 빙빙 돈다. 수건이나 손수건이 없다면, 모자나 작은 가방 등 손에 가볍게 들 수 있는 물건 아무거나 해도 된다. 이때 나머지 아이들은 "둥글게 둥글게" 등 모두가 아는 노래를 함께 부른다.

03 술래는 주위를 돌다가 노래가 끝나기 전에 몰래 한 아이의 등 뒤에 수건을 살짝 놓고 계속 돈다.

04 일반적인 규칙은 술래가 수건을 놓은 곳까지 한 바퀴 돌아와 그 아이를 치게 되면 그 사람이 술래가 된다. 하지만 '한 바퀴 더 수건돌리기 게임'은 술래가 수건을 놓고 한 바퀴를 도는 게 아니라 두 바퀴를 더 돌아야 한다. 한 바퀴를 돌면 아이들이 이내 쫓아가기를 포기하는 경우가 많은데, 두 바퀴로 늘리면 포기하지 않고 열심히 뛰게 된다. 그만큼 술래와 쫓는 아이의 운동량도 훨씬 더 많아진다.

05 만약 자기 뒤에 놓인 것을 알면 수건을 집어 들고 빨리 술래를 뒤따라가 쳐야 한다. 이 때 술래가 잡히면 벌칙을 받고, 잡히기 전에 재빨리 그 사람 자리에 앉으면 그 아이가 다음 술래가 되어 놀이를 계속 한다.

01 사람이 너무 적으면 수건을 놓고 다시 돌아오는 술래에게 너무 유리하기 때문에 놀이를 제대로 즐기려면 6명 이상의 더 많은 인원을 필요로 합니다.

02 술래가 아닌 사람은 절대로 뒤를 돌아보면 안 됩니다. 단, 손을 뒤로 해서 더듬어 볼 수는 있습니다. 술래는 시계 반대 방향으로 슬금슬금 돌아다니다가

한 아이의 등 뒤에 손수건을 살짝 내려놓는데, 이때 시치미를 뚝 떼고 걸어서 혼동을 주면 재미있습니다. 술래가 아닌 아이들은 절대 수건을 놓았다고 알려주지 않도록 약속해야 합니다.

03 실내에서 빠르게 달리다가 넘어지거나 교실 책상, 의자 등에 부딪히는 안전사고가 일어날 수 있습니다. 책상이나 의자를 안전하게 치워두고 시작합니다.

04 아이들이 곤란해하거나 수치심을 느끼지 않도록 모두가 약속한 벌칙을 정하는 것이 좋습니다. 보통 노래하기, 여러 사람이 정해 준 벌칙을 받거나 교실 바닥의 쓰레기 10개 주워오기 등 교실에 도움이 되는 봉사를 하게 하면 됩니다.

이렇게 놀면 더 재미있어요!

01 익숙해지면, '두 바퀴 더', '세 바퀴 더' 수건돌리기 게임으로 응용해 더 많이 뛰도록 규칙을 바꿔보세요. 은근히 엄청 스릴있그 땀도 많이 나게 됩니다.

02 '수건돌리기' 동요도 함께 배우고, '수건돌리기' 노래를 부르며 즐기면 더욱 재미있습니다. 유튜브에서 '수건돌리기'라고 검색하면 나오는 노래를 틀어 함께 불러보고, 놀이를 시작합시다.

03 '수건' 대신 '주사위'를 준비해 '주사위 돌리기'로 해도 재미있습니다. 자신의 뒤에 수건 대신 주사위가 놓여있을 때, 주사위를 던지거나 수건처럼 들고 술래를 쫓을 수 있습니다. 만약 주사위를 던졌을 경우에는 다음과 같이 나오는 숫자에 따라 달리 움직여야 합니다.

숫자 1: 자신이 지고 벌칙을 받는다.

숫자 2~5: 주사위를 들고 술래를 뒤쫓는다.

숫자 6: 뒤에 주사위를 놓았던 술래가 무조건 잡혀 벌칙을 받아야 한다.

수건 없이 즐기는
인간 수건돌리기

놀이의 가장 높은 단계, 6단계는 '창조'입니다. 매번 '수건'을 준비해야 하는 놀이를 했다면, 좀 더 수준을 높여서 변형 수건돌리기에 도전해 봅시다. '인간 수건돌리기'는 여러 가지 버전으로 만들어진 놀이로, 교실에서도 쉽게 도구 없이 즐길 수 있습니다. 미세먼지로 운동장을 나가지 못하게 된 날, 교실에 소풍온 듯 둘러 앉아 수건 없이 즐겁게 즐겨 봅시다.

 책상과 의자를 벽으로 밀어놓고, 동그랗게 모여 시작합니다. 준비물은 따로 필요 없습니다.

01 학생 두 명을 뽑아 가위바위보로 술래와 달아나는 학생을 정한다.

02 술래는 "무궁화 꽃이 피었습니다."를 세 번 외친 후, 달아나는 학생을 쫓아갈 수 있다.

03 달아나는 학생은 시계 방향이나 시계 반대 방향 중 어느 방향으로 도망가도 상관없다.

04 도망치는 학생은 달아나다가 힘들면, 동그랗게 앉아있던 친구 등을 밀쳐 내고 "도망가"라고 외친 후, 그 친구의 자리에 앉을 수 있다.

05 앉아있다 밀쳐진 학생은 그 친구 대신 도망쳐야 한다.

06 도망치는 학생이 술래의 손에 닿으면, 술래랑 도망자랑 역할이 서로 바뀌게 된다. 이때 술래가 된 학생은 다시 "무궁화 꽃이 피었습니다."를 세 번 외친 후, 쫓아갈 수 있다.

알아두기!!!

01 골고루 참여할 수 있도록 미리 약속을 정하지 않으면, 주로 친한 친구들 자리로 들어가기 쉽습니다. 남자는 여자의 자리를 빼앗고, 여자는 남자의 자리를 빼앗도록 미리 약속을 정하는 것이 좋습니다. 아울러 술래가 거의 다 가왔을 때 눈앞에서 "도망가"라며 밀지 않도록 지도해야 원망을 듣지 않을 수 있습니다.

02 술래가 바뀔 때에 잠시 한 번도 술래나 도망자가 안된 아이가 누가 있는지 손을 들게 하고, 그 친구들을 챙기도록 약속합니다. 주로 안 뛰었던 친구의 등을 밀치도록 약속하면, 모든 학생들이 골고루 뛸 수 있습니다.

03 실내에서 빠르게 달리다가 넘어지거나 교실 책상, 의자 등에 부딪히는 안전사고가 일어날 수 있습니다. 책상이나 의자를 안전하게 치워두고 시작합니다.

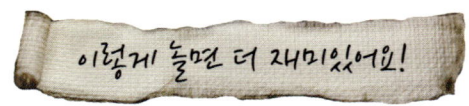

01 술래도 지치면, 원을 만들어 앉아있던 아이들 중에 한 명의 등을 밀며 "잡아라."라고 외칠 수 있습니다. 이때 밀린 아이는 술래가 되어 달아나는 학생의 뒤를 쫓아야 합니다.

02 큰 원과 안쪽에 작은 원을 만들어 진행하면 더욱 색다른 인간 수건돌리기 놀이가 됩니다. 안쪽과 바깥쪽의 짝을 맞추어 둘 다 안쪽을 보고 나란히 앉습니다. 이때 학생들은 쪼그려 앉는 것이 좋습니다.

> 학생 두 명을 뽑아 가위바위보로 술래와 달아나는 학생을 정합니다. 기본 '인간 수건돌리기'처럼 달아나는 학생이 술래 손에 맞으면 그 학생이 술래가 됩니다. 다른 점이 있다면, 두 학생은 원 안이나 밖을 자유롭게 다닐 수 있습니다.
>
> 달아나는 학생이 바깥쪽 원에 있는 학생을 밀면서 앉으면, 바깥쪽 원에 있던 학생은 안쪽 원에 있던 학생을 밀어내고, 안쪽을 밀며 들어와 앉으면 안쪽 원의 학생이 도망자가 되어 달아나야 합니다. 만약 안쪽 원에 있던 학생을 밀어내고 안쪽에 앉으면 그 학생은 바깥쪽 원에 있던 학생을 밀어내고, 바깥쪽 원에 있던 학생이 밖으로 밀려나 도망자가 되어 달아나야 합니다.

03 '인간 수건돌리기'의 세 번째 버전은 동그랗게 모여 앉되 모두 안쪽을 보고 앉습니다. 이때 서로의 손을 동그랗게 잡도록 합니다. 술래는 원 바깥에서 돌다가 갑자기 손 사이를 터치하거나 끊습니다. 이때 끊겨진 양옆의 두 친구가 서로 반대 방향으로 한 바퀴를 돌고, 술래는 그 두 자리 중에 한 자리를 차지해 앉습니다. 한 바퀴를 돌아 늦게 도착하는 친구가 술래가 되어 새로 놀이를 시작합니다.

세 팀으로 나누어 격렬한
3구역 풍선배구

교실에서 공을 이용해 노는 경우, 자칫 공이 잘못 날아가 유리창을 깨거나 아이들을 다치게 할 위험이 있습니다. 3구역 풍선배구는 조금은 식상한 두 팀 간의 풍선배구를 넘어 교실의 아이들을 세 팀으로 나누어 즐길 수 있는 안전한 놀이입니다. 6모둠이라면, 교실을 분단 별 세 팀으로 나누어 진행하고, 중간 중간 서로의 자리를 바꿔주기 때문에 뒤에 있던 아이들도 재미있게 즐길 수 있습니다.

 책상을 모두 뒤쪽 벽에 밀고 의자만 가져와 시작합니다. 풍선만 준비하면 됩니다.

01 교실의 아이들을 세 팀으로 나누고, 의자를 가운데 시계 방향 쪽으로 향하도록 놓아 세 구역으로 나눈다. 이때 의자가 네트가 된다.

02 세 팀의 대표들이 모여 가위바위보를 하고, 이긴 팀이 풍선을 쳐 서브를 한다.

03 앞쪽에 앉은 아이가 서브할 경우에는 양쪽 두 팀의 뒤에 있는 아이들까지 닿도록 넘겨야 한다. 뒤쪽에 앉은 아이가 서브를 할 경우에는 상대 팀의 앞쪽에 공을 넘기기만 해도 된다. 세 구역이기 때문에 우리 팀을 제외한 상대방 팀 중에 어느 한쪽팀에 서브를 하면 된다.

04 풍선이 우리 팀 구역 안쪽에 떨어지면, 남은 두 팀이 동시에 점수를 +1점 얻게 된다.

05 만약 풍선 공이 세 개의 의자 가운데에 떨어지면, 모든 점수가 0점으로 리셋된다. 이때 가운데 의자의 아래쪽에 손을 넣어 공을 쳐 내는 것은 금지하는 것으로 약속한다.

알아두기!!!

01 풍선으로 서브를 할 때에는 꼭 아래에서 위로 치도록 약속합니다. 종종 배구의 스파이크 하듯이 위에서 아래쪽으로 쳐서 상대방이 못 받도록 하는 데 그럴 경우 다시 서브를 해야 합니다. 두 번 연속 그럴 경우에는 상대방 팀에 점수를 줍니다.

02 반드시 엉덩이를 바닥에 댔을 때만 풍선을 칠 수 있습니다. 엉덩이를 떼어 풍선을 치지 않도록 약속합니다.

03 처음에는 횟수의 제한을 두지 않다가 어느 정도 익숙해지면, 실제 배구처럼 세번 안에 상대 팀의 코트로 풍선을 넘기도록 규칙을 정합니다. 이때도 같은 사람이 여러 번 쳐서 풍선이 독점되지 않도록 세번 다 다른 아이의 손에

닿아야 한다는 규칙을 약속합니다. 공을 한 번에 상대 팀에 넘기는 경우에는 도리어 상대 팀들이 점수를 얻게 됩니다.

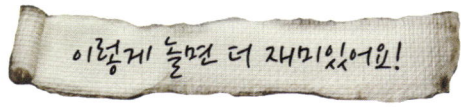
이렇게 놀면 더 재미있어요!

01 어느 한 팀이 10점을 내면 그 팀이 승리합니다. 따라서 5점이 넘으면, 세 구역의 모든 팀에서 앞쪽에 앉은 아이와 뒤쪽에 앉은 아이들이 서로 자리를 바꾸어 앉도록 약속합니다.

02 풍선배구를 하다 보면, 잘하는 아이들만 풍선을 독점하는 경향이 있습니다. 이럴 때를 대비해 한 팀의 아이들 손을 모두 닿은 후에야 상대 팀에 넘길 수 있도록 규칙을 정해 보세요.

바로 시합을 하지 않고, 모두 동그랗게 모여 앉아있을 때 시계 반대 방향으로 모두의 손을 닿고 돌아올 때까지의 시간을 재어 연습하도록 합니다. '학급 공동의 목표'를 정하면 더욱 서로를 챙기며 협력하게 됩니다. 이렇게 연습이 충분히 되면, 3구역 풍선배구에서도 한 팀의 모든 아이들 손을 닿아야 상대 팀에 넘길 수 있도록 합니다. 잘하는 아이들만 즐기는 풍선배구가 아니라 모두가 서로를 챙겨주어야 하는 협력놀이를 하게 될 것입니다.

03 어느 정도 익숙해지면, 풍선을 2개로 늘립니다. 마지막에는 세 팀이 모두 각각 자기 팀의 색깔 풍선을 가지고 동시에 시작하도록 합니다. 풍선의 개수가 차례차례 늘어갈수록 정신없으면서도 재미있게 게임이 진행될 것입니다.

펄쩍펄쩍 뛰는 모습이 귀여운

돼지피구

돼지피구는 교실에서 모두 책상을 한쪽에 밀어놓고 할 수 있는 피구 중에서도 더욱 많은 체력을 요구하는 놀이입니다. 공에 맞아 아웃될 때 "꿀꿀" 거리며 나가야 하기 때문에 웃음이 터지는 놀이이며, 무릎을 펴지 않고 높이 점프를 해야 피할 수 있어서 성장기에 있는 아이들의 스트레칭에도 큰 도움이 됩니다.

 책상과 의자를 모두 교실 네 모서리의 벽에 일렬로 붙입니다. 피구 공을 3개 정도 준비합니다.

01 교실의 아이들 중에서 두 명의 술래를 뽑고, 남은 아이들은 모두 교실 가운데에 들어간다.

02 선생님의 "시작" 신호와 함께 두 술래는 몸을 벽에 붙인 채로 공을 굴린다. 이때 굴러가는 공에 맞은 아이는 꿀꿀 소리를 내며 함께 밖으로 나가 몸을 벽에 붙인다. 나갈 때 "꿀꿀"하고 외쳐야 한다.

03 가운데 있는 수비팀 아이들은 공을 피할 때 점프를 해야 한다. 만약 다리를 펴서 일어나면 1차 경고를 하고, 두 번째 다시 다리를 펴면 아웃이 된다.

04 연속해서 맞으면 둘 다 아웃이 된다.

05 만약 최후의 1인이 아웃되면, 그 아이와 선생님이 함께 바깥쪽으로 나가 새로운 판을 시작하면 된다.

01 공이 가운데 있다고 해서 수비팀 아이가 손으로 잡거나 쳐내면 아웃됩니다. 반드시 밖에 있던 아이가 들어와서 공을 가져가도록 약속합니다.

02 밖에서 공을 굴리는 공격팀은 반드시 벽이나 뒤쪽 책상에 신체의 일부를 붙이고 던져야 합니다. 몸이 벽에서 떨어져 앞으로 가까이 숙여 던질 경우에는 그 공에 맞아도 아웃되지 않습니다.

03 수비팀의 무릎 위로 던져진 공에 맞으면 아웃되지 않습니다. 반드시 공을 굴려야 합니다.

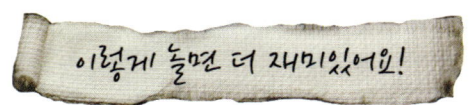

01 교실의 아이들을 두 팀으로 나누어 진행할 수도 있습니다. 이런 경우에는 각 팀의 대표들이 가위바위보를 하여 이긴 팀이 공격팀이나 수비팀 중에서 선택합니다. 이 경우에는 3분 정도의 시간을 정해 마지막까지 살아남은 아이

들이 많은 팀이 승리하게 됩니다.

02 어느 정도 익숙해지면, 피구 공의 개수를 2개, 3개로 늘립니다. 피구 공의 개수가 차례차례 늘어갈수록 정신없으면서도 재미있게 게임이 진행될 것입니다.

03 수비팀 아이가 아웃되면, 포로수용소에 순서대로 줄지어 앉아야 하고, 때가 되면 '부활'할 수 있습니다. 만약 공격팀이 굴린 공을 바깥쪽에 있는 공격팀이 공을 잡지 못해 벽에 맞으면 포로수용소에 있던 수비팀 아이 중 가장 먼저 아웃된 아이부터 차례대로 한 명씩 부활됩니다.

굴러오는 짐볼을 피해라
교실 짐볼피구

피구공 대신 짐볼을 굴려서 피구를 해본 적 있나요? 일단 공이 크고 굴리기가 쉽지 않지만, 일반적인 작은 피구공에 비해 피하기는 쉽습니다. 짐볼을 피하려면 운동시 에너지 소비도 더욱 커집니다. 익숙해지면 짐볼 개수를 2개로 늘려 엄청난 운동량을 경험하게 할 수 있습니다.

 책상을 모두 벽으로 밀고, 가운데를 중심으로 의자를 동그랗게 배치합니다. 준비물은 미리 짐볼 공을 2개 정도 준비합니다.

01 교실의 아이들 중에서 한 명의 술래를 뽑고, 남은 아이들은 모두 교실 가운데에 들어간다.

02 선생님의 "시작" 신호와 함께 선생님과 술래는 서로 반대쪽 의자에 앉아 짐볼 공을 굴린다. 이때 굴러가는 공에 맞은 아이는 아웃되어 함께 밖으로 나가 의자에 앉는다.

03 공을 굴려야 하는데, 던지거나 튀겨서 맞으면 아웃되지 않는다.

04 공을 굴릴 때, 의자에서 엉덩이가 떨어진 채로 굴린 공에 맞으면 아웃되지 않기로 약속한다.

05 만약 최후의 1인이 아웃되면, 그 아이와 선생님이 함께 바깥쪽으로 나가 새롭게 다음 판 짐볼피구를 시작한다.

01 공이 가운데 있다고 해서 수비팀 아이가 손으로 잡거나 쳐내면 아웃됩니다. 반드시 밖에 있던 아이가 들어와서 공을 가져가도록 약속합니다.

02 고학년은 짐볼 하나로는 너무 느려 박진감이 떨어집니다. 1분의 시간이 지나면 짐볼 하나를 더 추가합니다. 양쪽에서 오는 덩치 큰 짐볼을 피하려면 상당한 운동량을 요구하기 때문에 부지런히 움직여야 합니다.

03 의자에서 엉덩이가 떨어져 굴린 공은 맞아도 아웃되지 않습니다. 아울러 급한 마음에 던져서 맞은 공이나 튀겨서 맞은 공도 아웃되지 않습니다. 선생님이 사전에 자세히 설명하고, 그때마다 튀겼는지 던져서 맞았는지 판단해 주셔야 합니다. 놀이의 3단계는 '규칙'입니다. 혹시 자신의 마음에 차지 않는 결정이라도 심판인 선생님의 결정을 따르는 것이 3단계라는 것을 자주 안내합니다.

이렇게 놀면 더 재미있어요!

01 공격팀과 수비팀, 두 팀으로 나누어서 짐볼피구를 해도 재미있습니다. 공격팀은 의자에 앉고, 수비팀은 교실 가운데에 들어가 굴러오는 짐볼을 피해야 합니다. 공격팀에서는 짐볼을 굴려서 공격을 하는 데 공을 던지거나 튀기면 아웃되지 않고, 아웃되어 있는 수비팀의 한 명이 부활합니다. 수비팀은 공에 맞아 아웃이 되면, 교실 앞 포로수용소로 나가서 아웃된 순서대로 서거나 앉아서 대기합니다. 아웃된 순서대로 부활해서 다시 경기장에 들어올 수 있습니다. 세게 던지려다가 짐볼이 밖으로 굴러가도 1명 부활하게 됩니다.

02 미리 3분 동안 시간을 정해두고 공격팀과 수비팀으로 나누어 진행할 수도 있습니다. 공격팀은 공을 굴려서 수비팀을 아웃시키고, 수비팀은 짐볼을 피해야 합니다. 시간이 종료되면 살아남은 인원수를 확인하고 공격과 수비의 역할을 바꿔서 같은 방법으로 진행합니다. 더 많이 살아남은 팀이 승리합니다.

03 어느 정도 익숙해지면, 짐볼의 개수를 2개로 늘려 보세요. 짐볼의 개수가 차례차례 늘어갈수록 정신없으면서도 더욱 재미있게 게임이 진행될 것입니다.

상대 팀의 빈 구석에 던져라

쓰로우볼 게임

피구를 하기 전에는 찜피구로 패스하는 훈련을 하면 좋습니다. 찜피구는 공을 가진 아이와 같은 편은 모두 두 발을 움직이지 않아야 하고 서로 패스하여 상대 팀을 찜하면 되는 피구입니다. 배구를 하기 전에는 쓰로우볼 게임을 권합니다. 쓰로우볼(Throwball) 게임은 네트 너머에 있는 상대 팀의 빈 곳으로 큰 공을 던져 점수를 얻는 게임입니다.

 **놀이방법** 책상을 모두 벽으로 밀고, 가운데 교실 네트를 설치합니다. 준비물은 풍선공이나 빅발리볼을 준비하는 것이 좋습니다.

01 교실에 직사각형으로 게임을 할 영역을 정하고, 중앙에 휴대용 네트를 설치한다.

02 교실의 아이들을 두 팀으로 나누고, 가위바위보로 먼저 공격할 팀을 정한다.

03 직사각형 라인 밖에서 두 손으로 공을 던져 상대방 네트로 넘긴다.

04 넘어온 공은 두 손으로 받고, 다시 같은 팀의 아이에게 던져 준다.

05 넘어온 공은 한 쪽 팀 모두의 손을 거친 후, 마지막 아이가 두 손으로 공을 던져 네트 너머로 보낸다. 이때 상대방이 받기 어려운 쪽으로 던진다.

06 상대방이 받지 못하면 던진 팀이 1점을 얻는다. 점수를 얻은 팀이 공을 네트 넘겨 시작한다. 이렇게 15점을 먼저 얻으면 승리한다.

01 네트로 넘어온 공을 받지 못하거나 같은 모둠 친구가 던져준 공을 잡지 못하면 상대 팀이 1점을 얻게 됩니다.

02 넘긴 공이 상대 팀 칸을 벗어나 바깥으로 나가면 상대 팀이 1점을 얻습니다.

03 공을 자기 팀끼리 던질 때, 던지는 사람은 두 발을 움직일 수 없지만 받는 아이들은 자리를 이동해 좀 더 던지기 쉬운 곳으로 이동할 수 있습니다.

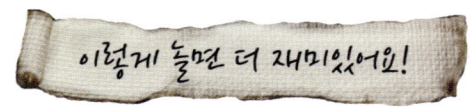

01 쓰로우볼 게임이 조금 익숙해지면, 게임의 시작을 던지는 방법 대신 실제 배구처럼 한 손으로 쳐서 시작합니다.

02 공을 던지고 받으며 이어 주다가 맨 마지막 사람이 잡지 않고 쳐서 상대방 쪽으로 네트를 넘기게 합니다. 자연스럽게 실제 배구의 스파이크를 익히게 됩니다.

03 익숙해지면, 실제 배구처럼 세 번에 걸쳐 손으로 치고 마지막 사람이 스파이크하듯 때리게 하여 진행합니다. 공이 크고 가볍기 때문에 아이들이 즐겁게 참여할 수 있습니다.

가볍고 오래 떠있어 즐거운
빅발리볼 배구

빅발리볼(Vicvolleyball)은 김석태 선생님이 2018년 평창 동계 올림픽을 기념하여 태극기에서 영감을 받은 디자인으로 개발하신 배구형 게임입니다. 남녀노소 누구나 쉽고 재미있게 참여할 수 있도록 배구, 배드민턴, 킨볼의 장점을 모은 새로운 배구형 게임으로 정식 규격의 배구공보다 크고 가벼운 공으로 배구형 게임을 진행하여 정식 배구보다 안전하고 즐겁게 참여할 수 있습니다.

빅발리볼 공은 다른 옴니킨 공(킨볼, 식스볼 등)처럼 나일론 외피 안에 라텍스 내피를 넣은 후 내피에 바람을 채워 사용하며 50cm의 크기임에도 무게가 0.3kg 밖에 되지 않아 공에 맞아도 아프지 않으며 공중에 떠 있는 시간이 길어 보다 여유롭게 활동을 할 수 있습니다.

 책상을 모두 벽으로 밀고, 가운데 교실 네트를 설치합니다. 준비물은 빅발리볼 하나만 있으면 됩니다.

01 교실에 직사각형으로 게임을 할 영역을 정하고, 중앙에 휴대용 네트를 설치한다.

02 교실의 아이들을 두 팀으로 나누고, 가위바위보로 먼저 공격할 팀을 정한다.

03 서브는 네트에서 1.98미터 떨어진 거리에 선을 긋고, 한 손으로 공을 쳐 상대방 네트로 넘긴다.

04 넘어온 공은 한 손, 또는 두 손을 사용해 튀겨 같은 팀의 아이에게 전해 준다.

05 넘어온 공은 5회 터치 이내에 네트 너머로 보내야 한다. 이때 상대방이 받지 못하면 점수를 얻게 된다.

06 상대방이 받지 못하면 던진 팀이 1점을 얻는다. 서브는 이긴 팀에서 계속 넣도록 한다. 이렇게 15점을 먼저 얻으면 승리한다.

01 시작할 때에는 바로 시작하지 않고, 같은 팀 모두와 하이파이브하며 시작하도록 합니다. 아울러 우리 팀이 점수를 냈을 때도 하이파이브, 졌을 때는 다 같이 다가가 "괜찮아"라고 격려해주도록 약속하고 시작합니다.

02 서브할 때에는 언더로 서브할 수 있도록 합니다. 익숙해지면 그때 오버로 서브할 수 있도록 약속합니다.

03 처음 시작할 때에는 스파이크를 하지 않도록 합니다. 그냥 넘기는 것이 어느 정도 서로 익숙해진 다음에 스파이크를 할 수 있도록 지도합니다.

04 서비스된 볼을 리시브하여 바로 상대 팀 코트로 넘길 수 있습니다. 최소 2점을 앞선 상태에서 15점을 획득한 팀이 승리합니다.

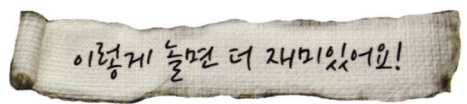

01 자칫 잘하는 아이들만 칠 수 있으니, 같은 팀 모두의 손을 맞고 난 후에 공격할 수 있도록 규칙을 바꿔 진행해 봅시다.

02 게임이 익숙해지면, 빅발리볼을 2개 준비하고 서로의 코트에서 동시에 서브를 하게 합니다. 이때 서로 공이 부딪히지 않도록 대각선 쪽으로 서고 서브해야 합니다. 공이 많아 정신없지만 그만큼 더욱 재미있습니다. 다만 이동 중에 서로 부딪히지 않도록 조심해야 합니다.

친구의 피자를 떨어뜨려라
피자배달 게임

'피자를 지켜라'(Protect Pizza) 피자배달 게임은 '킨 피자상자를 한 손에 들고 다른 친구들의 상자를 떨어뜨리되 자신의 상자는 균형을 잃지 않아야 하는 유쾌한 놀이입니다. 아이들은 각자 한 손으로 상자의 균형을 맞춰야 합니다.

 책상을 모두 벽으로 밀고, 빈 피자상자를 개인별로 하나씩 나눠가질 수 있도록 준비합니다. 가정에서 피자를 먹었을 때, 미리 피자상자를 준비해놓을 수 있도록 예고하는 것이 좋습니다.

01 각자 빈 피자상자를 한 손에 들고 서로 간에 거리를 두고 선다.

02 선생님의 신호에 따라 교실을 다니며 친구들의 손에 있는 피자상자를 쳐서 떨어뜨린다.

03 친구의 피자상자는 떨어뜨리되, 내가 들고 있는 피자상자는 떨어지지 않도록 잘 피해야 한다.

04 피자상자가 바닥에 떨어지면, 바깥으로 나가야 한다.

05 정해진 시간 동안 게임을 하여 피자상자를 가장 적은 횟수만큼 떨어뜨린 학생을 찾아 칭찬해 주고 마무리한다.

01 자칫 거칠어질 수 있는 놀이입니다. 절대 서로의 몸을 밀치거나 잡아당기지 않고 피자상자만 손으로 쳐야 합니다. 만약 손을 쳐서 떨어뜨린 피자상자는 다시 들어 올릴 수 있습니다.

02 피자상자는 아래에서 위로 올려쳐서 서로의 몸에 손이 닿지 않도록 미리 지도합니다.

03 시작하자마자 피자상자가 떨어져 탈락하면 많이 허무합니다. 처음에는 세 번의 기회를 주어 다 떨어뜨리면 스스로 바깥으로 나가도록 약속하고 진행합니다 그러다 두 번으로, 마지막엔 한 번으로 줄여 나갑니다.

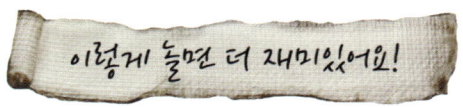

01 처음에는 왼손에 올려 진행하고, 떨어뜨리면 오른손에 올려 진행하게 합니다. 왼손잡이라면 먼저 자신이 없는 오른손에 먼저 올리게 합니다. 처음보다 두 번째 판에서 자기 실력을 드러낼 수 있기 때문에 더욱 활기차게 참여하게 됩니다.

02 피자상자를 준비하는 것이 어렵다면, 간단히 원마커나 접시콘을 손 위에 들도록 해도 재미있습니다. 동그란 피자 모양이라 피자를 떨어뜨리는 게임으로 소개하면 됩니다.

03 자신의 피자상자가 떨어지면 바로 탈락하지 않고, 그 자리에서 체력훈련을 하고 다시 게임에 참여하도록 진행해 봅시다. '팔벌려 높이뛰기'나 '버피 테스트'를 5회 정도 하게 합니다. '버피 테스트'는 짧은 시간 안에 운동 효과를 극대화할 수 있는 유산소성 근력 운동입니다. 원래 체력 테스트 목적으로 만들어진 운동이나 전신 집중 운동으로 새롭게 주목받고 있습니다. 운동선수들의 체력 향상을 위한 필수 운동인 만큼 운동 강도도 높고, 또 그만큼 운동 효과도 큽니다.

책상 속으로 던져라
교실 칸잼 게임

'플라잉디스크'는 피구, 축구, 배구, 농구 등 공으로 하는 거의 모든 운동이 가능한 만능 교구입니다. 재질이 부드럽고 적은 힘으로도 멀리 보낼 수 있기 때문에 3~6학년 어느 학년에서도 적용 가능합니다. '칸잼 게임'(Kan Jam game)은 플라잉디스크를 활용한 표적 게임으로 교실에서도 간단히 책상을 준비해 즐길 수 있습니다.

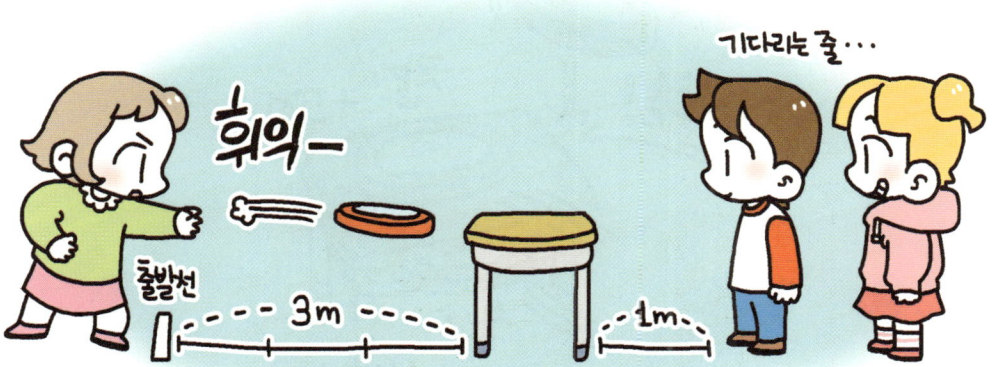

 의자는 모두 벽으로 밀어놓고 책상 4개 정도만 교실 가운데 배치합니다.

01 교실의 아이들을 남자 2팀, 여자 2팀, 모두 네 팀으로 나눈다.

02 책상에서 3미터 정도의 거리에 각 팀의 1번 아이들이 선다.

03 각 팀의 남은 아이들은 책상 뒤쪽에 1미터 정도 떨어져 한 줄로 선다.

04 1번 학생이 자기 앞에 있는 책상을 향해 플라잉디스크를 던진다. 이때 책상을 맞히면 +2점, 책상 위에 착륙시키면 +5점, 책상 안으로 들어가면 +11점으로 게임을 끝내게 된다.

05 1번이 던진 후에는 책상 뒤에 서있던 2번 학생이 출발선으로 가고, 1번은 책상 줄 맨 끝으로 가서 선다. 그리고 같은 방법으로 게임을 진행한다.

06 어느 한 팀이 먼저 11점이 나면 1세트가 끝나고, 1등한 팀이 10점을 가져간다. 이렇게 5세트를 이어 진행하고 가장 많은 점수를 얻은 팀이 승리한다.

01 던지는 것이 익숙할 수 있고 안전한 폼 재질의 디스크를 활용해서 합니다.

02 한 세트 연습 경기 후에 여자 아이들과 남자 아이들의 실력 차이가 나면 여자 아이들의 거리를 2미터 정도로 더욱 짧게 조절합니다.

03 플라잉디스크 대신 원마커를 활용해도 재미있게 놀이할 수 있습니다.

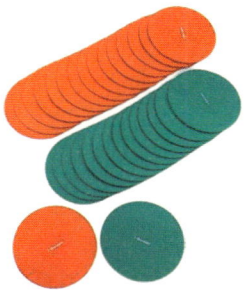

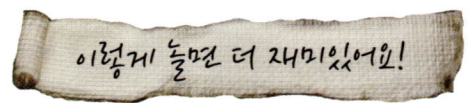

01 실제 칸잼 게임 영상을 유튜브로 보고, 놀이 규칙을 아이들과 직접 상의하는 시간을 가집니다.
실제 영상 보기 :https://bitly.kr/ttc4Kj
실제 칸잼 게임에서는 기구를 맞히면 +2점, 기구 옆에 두 명의 팀원이 서 있다가 손으로 쳐서 기구에 맞히면 +1점을 줍니다. 팀원의 도움으로 통 안에 들어가면 +3점, 도움 없이 통 앞의 구멍으로 들어가면 게임에 바로 승리합니다.

02 5~6미터의 거리에 플라스틱 박스를 두고 그 뒤에 한 명이 가서 서게 한 후 진행해도 재미있습니다.

· 출발선에서 플라잉디스크를 던져 박스를 맞히거나 넣으면 득점을 획득합니다.

· 득점을 얻는 방법은 다음과 같습니다.

① 날아오는 디스크를 반대편 사람이 쳐서 박스에 맞은 경우 : 1점

② 플라잉디스크가 직접 박스를 맞춘 경우 : 2점

③ 날아오는 디스크를 반대편 사람이 쳐서 박스에 들어간 경우 : 3점

④ 디스크가 직접 박스에 들어간 경우 : 11점

· 총 11점을 얻으면 게임을 따내고 먼저 3~5게임을 가져간 팀이 최종적으로 승리합니다.

굴러오는 공을 피해라
가가볼 게임

    가가볼(Gagaball) 게임은 팔각형 모양의 경기장에서 엄청나게 빨리 진행되는 변형 공놀이입니다. 공격과 수비를 따로 나누지 않고 시작하며 공을 잡지 않고 손으로 쳐서 상대방의 무릎 아래를 맞히는 피구형 공놀이입니다. 무릎 아래로 공을 쳐서 상대를 노리는 동안 피하고 뛰어 오르며 엄청난 운동량을 경험하게 될 것입니다. 가가볼 게임은 재미있고도 규칙은 간단해서 모두가 좋아하는 특별한 놀이입니다.

 의자는 벽으로 두고, 책상을 눕혀 사각형의 경기장을 만듭니다. 공은 일반적인 피구 공을 준비하거나 짐볼을 준비합니다.

01 책상 윗면을 경기장 벽으로 만들어 모두들 경기장 안에 들어와 선다. 인원이 많으면, 남자와 여자 별도로 운영한다.

02 시작하기 전에 모두들 한쪽 손을 책상으로 만든 벽에 대고 선다.

03 게임의 시작은 심판(선생님)이 공을 경기장 가운데로 던지며 시작된다.

04 공이 가운데에 들어가며 첫 번째 튀어 오를 때 모두들 함께 "가"라고 외치고,

두 번째 튈 때 "가", 세 번째 튈 때 "볼"이라고 외친다. 그때부터 누구라도 공을 손으로 칠 수 있다.

05 공을 손으로 잡으면 안 된다. 손으로 칠 수 있고, 이때 이 공이 다른 아이의 무릎 아래에 맞으면 그 아이는 경기장 밖으로 퇴장당한다. 무릎 위를 맞으면 경기는 그대로 계속된다.

06 자신이 친 공이 경기장 밖으로 나가면 역시 밖으로 퇴장당한다. 경기장 밖으로 튕겨 나간 공은 밖에 있는 아이가 안으로 던져 준다.

07 마지막까지 퇴장당하지 않고 남아있는 아이가 승리한다.

01 한 사람이 연속해서 공을 칠 수 없습니다. 단 벽이나 다른 사람 공에 맞은 공은 칠 수 있습니다.

02 경기장 벽을 맞고 튀긴 공에 맞아도 아웃됩니다.

03 빠른 경기의 운영을 위해 처음 시작할 때는 세 번 튕겼을 때 시작하지만, 밖으로 나간 공을 안으로 던졌을 때는 한 번 튕긴 후에 바로 시작하도록 합니다.

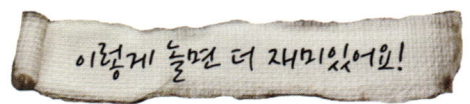

01 경기가 전체적으로 지루해지면 두 번째 공을 경기장 안에 던져 넣습니다. 양쪽에서 굴러오는 공 때문에 경기의 흐름을 더욱 빠르게 조절할 수 있습니다.

02 부산의 조성휘 선생님께 처음 소개받았습니다. 실제로 지도하기 전에 선생님이 운영하시는 '조디샘의 클라스' 유튜브 영상을 미리 보여주고 하시면 큰 도움이 될 것입니다.

교실놀이 끝판왕 | 가가볼 | gaga ball | 교실체육

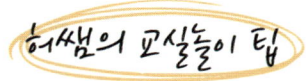 '진짜 놀이와 가짜 놀이' 구별하기

아이들과 교실에서 하는 놀이 중에서 무엇이 진짜 놀이고 무엇이 가짜 놀이일까요? 네덜란드의 학자 요한 하위징아는 '호모 루덴스'에서 놀이의 가장 큰 특징을 '자유로운 활동'이라고 했습니다. EBS다큐 '놀이의 힘'에서는 진짜 놀이의 요소를 '자발성', '주도성', '즐거움'이라 했습니다. 아이 스스로 놀이를 선택하고(자발성), 아이가 놀이를 주도해 나갈 때(주도성), 그리고 놀이를 통해 얻고자 하는 목적이 없을 때(즐거움), 이것이 진짜 놀이라고 했습니다.

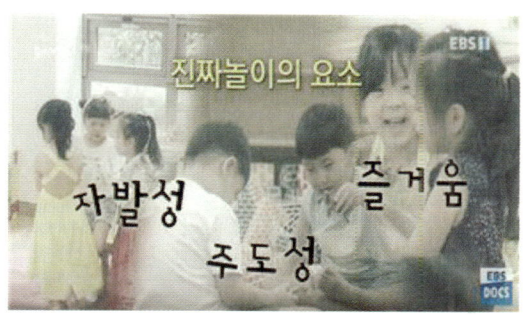

교실놀이에서도 선생님이 일방적으로 놀이를 정하고, 선생님이 놀이를 주도해 나갈 때 그 놀이는 가짜 놀이라고 할 수 있습니다. 아이들과 놀아주는 게 아니라 아이들이 놀 수 있도록 자리를 마련하고, 주도성을 살짝 아이들에게 넘겨주는 것! 그것이 아이들이 진짜 놀이를 할 수 있도록 교사가 도울 수 있는 유일한 길임을 잊지 말아야 하겠습니다.

part 2. 팀을 나눠 겨루며 뿌듯한 승부놀이

01 　 스타킹 코로 물병을 쓰러뜨려라 코끼리 행진 게임
02 　 미션 60초를 잡아라! 미니올림픽 게임
03 　 의자가 점점 줄어든다 격렬한 열차 게임
04 　 율동과 함께 가위바위보 왼발을 들고 콩콩콩
05 　 학기 초 이름 외울 때 까꿍놀이 먼저 이름을 외쳐라
06 　 우리 팀 바이러스로 감염시켜라 행복바이러스 게임
07 　 어휘력이 쑥쑥 느는 훈민정음 게임
08 　 넷이 차례대로 이어 외쳐라 넷이서 한마음 게임
09 　 스파게티면을 하늘 끝까지 마시멜로 챌린지!

스타킹 코로 물병을 쓰러뜨려라
코끼리 행진 게임

'코끼리 행진' (Elephant March) 게임은 스타킹 안에 공을 넣어 코끼리코처럼 만든 후에 흔들어 바닥의 물병을 쓰러뜨리는 놀이입니다. 일단 스타킹을 쓰고 하는 얼굴을 보면 웃음을 참을 수 없는데다 생각보다 머리를 흔들어 물병을 쓰러뜨리기가 쉽지 않아 만만치 않은 놀이입니다.

 **놀이방법** 스타킹과 테니스 공, 그리고 물을 채운 병 8개가 필요합니다.

01 아이들을 두 팀으로 나눈다. 학생들은 팬티스타킹의 열린 끝 부분을 얼굴에 쓰고 스타킹의 다른 끝 부분에는 공을 넣어 코끼리코를 만든다.

02 바닥에는 4개의 물병을 일정한 간격으로 놓는다. 물병의 간격을 더 멀리 떨어뜨리고 개수를 늘릴수록 '코끼리 행진'을 더 어렵게 만들 수 있다.

03 선생님의 "시작" 신호와 함께 머리를 좌우로 흔들어 물병을 쓰러뜨린다. 60초 이내에 몇 개를 쓰러뜨렸는지 센다.

04 심판은 휴대전화 타이머 기능으로 1분의 시간을 재어 시간이 되면, "그만"이라고 끝날 시간을 알려 준다.

05 1분 동안 몇 개의 물병을 쓰러뜨렸는지 개수를 세어 더 많이 쓰러뜨린 학생이 승리한다. 팀별로 할 경우에는 한 명 한 명 차례대로 진행하고, 쓰러뜨린 물병의 개수를 합산하여 승부를 가리면 된다.

01 손을 사용하거나 다리에 부딪혀 넘어진 물병의 수는 넘어뜨린 것으로 세지 않습니다. 머리를 이용해 돌리다 보면 급한 마음에 스타킹 속 공이 아니라 몸에 부딪혀 넘어지는 경우가 있는데, 이럴 경우 심판이 다시 일으켜 세워 줍니다.

02 처음 하는 경우에는 생각보다 맞히기가 어려워 흥미를 잃을 수도 있습니다. 이럴 때에는 무릎을 꿇고 좀 더 가까운 위치에서 맞출 수 있도록 시작합니다.

03 스타킹 속에 머리를 넣으면, 생각보다 우스꽝스러운 얼굴에 머리카락도 헝클어지기 때문에 싫어하는 학생들도 있을 수 있습니다. 그런 학생들은 게임에 참여하지 않고 응원만 할 수 있도록 합니다. 그리고 마음의 준비가 되었을 때에 함께 할 수 있을지 물어보고 참여시키면 좋겠습니다.

이렇게 놀면 더 재미있어요!

01 물병을 좌우에 일정한 간격으로 놓으면 스타킹 속 공을 좌우로 흔들어 더 재미있는 게임을 만들 수 있습니다.
　　바닥에는 물병을 좌우 각각 5개씩 일정한 간격으로 놓습니다. 학생들은 두 개의 물병 가운데에 서 있어야 합니다. 그렇지 않으면 물병 위에 서서 쉽게 넘어뜨릴 수 있습니다. 분필이나 마스킹테이프를 사용하여 바닥에 '중심선'을 표시하고 시작하세요.

02 릴레이 경기로 시합하셔도 흥미진진합니다. 이때는 반환점에 물병을 하나씩 놓고 달려가 그 물병을 쓰러뜨린 후에 돌아오면 됩니다. 돌아와 다음 사람과 손으로 터치를 하면, 다음 학생이 릴레이로 경기를 이어갑니다.

03 마지막은 서바이벌 게임으로 진행하시면 좋습니다. 물병이나 종이컵을 정해진 구역 여기 저기 순서 없이 놓고 선생님의 "시작" 신호와 함께 더 많이 쓰러뜨리는 사람이 승리합니다. 이 경기를 할 때에는 서로 부딪혀 다치지 않도록 안전에 신경써야 하고, 몇 개를 쓰러뜨렸는지 셀 사람을 따로 정해주어야 합니다.

미션 60초를 잡아라!
미니올림픽 게임

'60초를 잡아라'(Minute to win it games) 게임은 모둠별로 팀을 짜고 코너별로 60초 안에 진행되는 게임을 합니다. 경기 결과에 따라 바둑알을 모아오는 즐거운 미니 올림픽 경기입니다. 다양한 종류의 게임을 즐기면서 승부를 겨루는 즐거움을 알게 되는 유쾌한 경기라 학기 말, 학년 말에 해도 좋습니다.

 책상을 벽으로 밀고, 미니 올림픽 경기별 준비물을 챙깁니다. 먼저 6개의 코너별로 각기 다른 미니 게임을 준비하고, 그 게임을 진행할 대표들을 뽑습니다. 각 게임에 도전하면 바둑알 3개, 성공하면 바둑알 5개, 아예 도전하지 않고 패스하면 바둑알 1개만 받을 수 있습니다.

01 숟가락 투석기(spoon catapult) 게임

스푼을 두 개 겹쳐 놓는다. 손 앞의 스푼을 지렛대 삼아 쳐서 날아간 두 번째 스푼이 컵 안에 들어가면 성공! 모두 3개의 스푼을 60초 안에 모두 컵 안에 넣으면 성공이다.

02 포스트잇 붙이기(Paste the sticknote)

정해진 1분의 시간동안 몸에 몇 장의 포스트잇을 붙이는지 겨루는 게임이다. 포스트잇의 점성은 붙었다가도 떨어지기 쉽기 때문에 생각보다 곤혹스러워하면서도 재미있게 즐길 수 있다.

03 종이컵 사이 종이 잡아채기(Yank Me around) 게임

종이컵과 종이컵 사이에 색종이를 넣고, 색종이를 꺼내 몇 개의 컵이 쌓이는지 도전하는 게임이다. 여러 번 도전하다 보면, 카드를 꺼내는 대신 카드를 튕기는 것이 정말 효과적이라는 것을 발견하게 된다. 학생들이 원하는 난이도에 따라, 학생들은 카드를 튕기거나 홱 잡아 당길 수 있다.

04 주사위 쌓기(A Bit Dicey) 게임

1분 타이머를 설정하고, 도전할 학생은 입안에 스틱을 물도록 한다. 스틱의 끝 부분에 일정량의 주사위를 쌓고 균형을 잡으려고 시도한다. 보너스 포인트는 1분 안에 작업을 완료하는 학생에게 전달된다. 주사위는 4-6개 정도 올려놓는 것이 좋다.

05 동전 포크에 끼우기(Fork it over) 게임

책상의 끝에 거꾸로 된 포크를 놓는다. 책상의 반대쪽 끝에 서거나 앉고 100원, 또는 500원짜리 동전을 포크의 갈고리 사이로 굴린다.

06 사탕 엘리베이터(Candy Elevator) 게임

아래 그림과 같이 연필과 끈을 이용하여 '사탕 엘리베이터'를 만든다. 학생의 귀에 끈을 감은 후, 연필을 수평으로 놓고 3-4개의 작은 초콜릿을 연필 위에 얹는다. 여분의 줄을 감아 가슴 높이에서 엘리베이터로 가져와 연필 위에 있는 사탕을 먹어야 한다. 성공적으로 초콜릿이나 사탕을 먹었을 경우 점수를 얻게 된다. 학생들이 사탕을 떨어뜨렸다면 엘리베이터를 다시 가슴 높이로 가져 가서 더 많은 사탕을 올려놓고 시간이 끝날 때까지 다시 도전하도록 한다. 이 게임은 약간 까다롭고 어려워서 타이머를 2분 정도 설정하는 것이 좋다.

01 유튜브에서 'Team building'으로 검색하면 정말 많은 놀이들을 찾아 활용할 수 있습니다.

02 학년의 발달 단계에 맞추어 시간을 조절해야 합니다. 중학년이라면 99초 게임으로 이름을 정해서 좀 더 도전할 시간을 여유있게 줍니다.

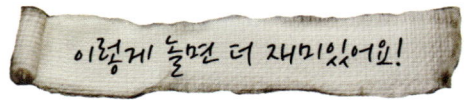
이렇게 놀면 더 재미있어요!

01 교실 올림픽 게임의 경기 이름을 활용해도 재미있습니다. 올림픽 경기의 이름을 활용해서 놀이 이름을 정하고, 모둠별로 대표를 한 명씩 선발하게 해서 진행하면 됩니다. 예를 들어 창던지기는 이쑤시개 던지기로, 투창은 페트병에 물을 1/5정도 담은 후에 던져 똑바로 서면 성공, 골프는 얼굴 위에 비스킷을 올려두고 얼굴 근육을 움직여서 과자를 먹는 게임으로 진행합니다. 농구는 실내화를 3미터 거리에서 발끝에 걸어 던져 종이박스에 넣도록 합니다.

02 팀빌딩 게임이므로 모둠의 어느 한 명만 도전하기 보다 모든 아이들이 도전하도록 하면 재미있습니다. 예를 들어 '60초동안 3.6.9게임을 30까지 성공하기' 등의 미션으로 모든 아이들이 마음을 모아 공동의 목표를 이뤄가도록 돕습니다. 물론 시작하기 전에 어느 친구의 실수가 있을 때, 비난하지 않고 어떻게 도우면 될지 미리 연습하고 시작해야 합니다. "우리가 놀이하는 이유는 일등을 하는 게 아니라 모두가 협력해 함께 성공하는 기쁨을 맛보기 위해서입니다."

도전! 60초를 잡아라!! (Minute to win it games)

이기면 5점 도전하면 3점 포기하면 1점	이름( )	이름( )	이름( )	이름( )
❶ 숟가락 투석기				
❷ 포스트잇 붙이기				
❸ 종이 잡아채기 게임				
❹ 주사위 쌓기 게임				
❺ 동전 포크에 끼우기				
❻ 사탕 엘리베이터				

의자가 점점 줄어든다
격렬한 열차 게임

외국에서는 '열차 사고(Train Wreck)' 게임으로 알려져 있는 격렬한 경쟁 게임입니다. 의자를 두 줄로 놓고 학생들은 서로를 마주 봅니다. 선생님의 "출발" 신호에 따라 일어나 다른 편으로 가서 의자에 앉아야 하는데, 매번 의자가 하나씩 줄어듭니다. 의자에 앉지 못하는 아이들은 밖으로 나와 계속 게임을 지켜봐야 하는 놀이입니다.

 책상을 벽으로 밀어 붙입니다. 의자를 아이들 수만큼 준비하고 2줄로 서로 마주 보게 놓습니다.

01 학생들을 두 팀으로 나눈다. 팀별로 의자에 앉아 서로를 마주 보고 준비한다.

02 선생님이 "출발" 신호를 보내면, 달려가 건너편의 의자에 앉아야 한다.

03 반대편으로 이동할 때마다 양쪽에서 각각 하나의 의자를 뺀다. 그만큼 건너편 의자에 앉을 확률이 줄어든다.

04 의자에 앉지 못한 아이는 밖으로 나와 남아있는 학생들을 응원한다.

05 마지막 남은 두 명이 승리한다.

01 손으로 치거나 밀치지 않도록 조심해야 합니다. 의자에 앉으려고 서로 다툴 때에는 먼저 앉은 사람에게 자격이 있는 것으로 약속하지 않으면 밀치고 넘어져 위험할 수 있습니다.

02 처음에는 연습 게임, 의자를 빼지 않고 선생님의 호루라기 신호에 맞추어 이동하도록 합니다. 이때 부딪히는 상황을 직접 겪어본 후에 "어떻게 하면 서로 다치지 않고 이 게임을 즐겁게 할 수 있을까요?" 발문합니다.
"친구들과 부딪히지 않고 지나갈 수 있도록 조심해요."
"넘어진 친구가 있으면, 게임을 하다가도 일으켜 주어요."
이렇게 아이들의 발표로 나온 글들을 칠판에 적어 서로 조심하도록 안내하면, 놀이는 더욱 발전하게 됩니다.

03 하나의 의자를 빼낼 때, 같은 위치의 의자만 빼내게 되면 아이들의 불만을 낳을 수 있습니다. 어디에서 뺄지는 진행하는 사람의 마음이지만, 왼쪽, 가운데, 오른쪽 골고루 빼도록 합니다.

04 마지막에 2명이 남으면, 결승전을 치르게 해도 좋습니다. 가운데 의자를 돌며 춤을 추다가 "그만"이라고 외쳤을 때 먼저 앉는 사람이 승리합니다.

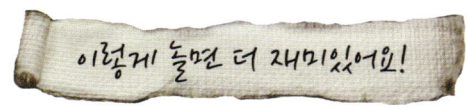

01 원으로 동그랗게 모여 할 수도 있습니다.
   "저는 자전거 타는 것을 좋아합니다." 그러면 동의하는 모든 사람이 일어나서 새로운 자리를 찾아야 합니다. 의자에 앉지 못한 사람이 다음 라운드 질문을 던집니다.
   "저는 비가 오는 날을 좋아합니다."

02 술래가 "자리에서 오른쪽으로 O칸 이동하세요."라고 말하면 모두 오른쪽으로 O칸만큼 이동해야 합니다. 이때 술래는 한 자리를 차지하고 앉아버리면 됩니다. 자리를 차지하지 못한 학생이 나와서 다음 술래가 됩니다.

율동과 함께 가위바위보
왼발을 들고 콩콩콩

'왼발을 들고 콩콩콩' 게임은 둘씩 만나 율동을 한 후 가위바위보, 진 아이가 이긴 아이 등 뒤에 손을 올립니다. 둘씩 만나고, 넷씩 만나고, 마지막엔 우리 반 모두가 함께 겨루는 놀이가 됩니다. 반 아이들 모두가 한 마음, 한 팀이 되어 율동에 맞추어 뛰면서 즐겁고, 마지막 결승전을 치루며 더욱 마음을 모으게 되는 즐거운 놀이입니다.

 책상과 의자만 벽으로 밀어놓으면 됩니다. 시간이 부족할 때는 평소 교실 대형으로 진행해도 됩니다.

01 먼저 선생님의 시범을 통해 기본 율동을 배운다.
"왼발을 들고, 오른발을 들고, 앞으로 갔다, 뒤로 갔다, 콩콩콩"
처음 익힐 때에는 선생님의 선창에 맞추어 따라 하며 동작을 익히면 된다.

> 선생님: "왼발을 들고", 학생들: "왼발을 들고"
>
> (동작은 왼쪽 발을 바닥에 4번 찧는다.)
>
> 선생님: "오른발을 들고", 학생들: "오른발을 들고"
>
> (동작은 오른쪽 발을 바닥에 4번 찧는다.)
>
> 선생님: "앞으로 갔다 뒤로 갔다 콩콩콩"
>
> 학생들: "앞으로 갔다 뒤로 갔다 콩콩콩"
>
> (동작은 두 발을 모아 앞으로 폴짝 뒤로 폴짝 후에 앞으로 콩콩콩 3번 뛴다.)

02 시범을 통해 익혔으면, 이제 선생님과 동시에 기본 율동을 같이 한다. 두 번째에는 미리 두 명씩 서로 마주 보고 만나게 한다. 만약 짝이 모자라면 세 명이 만나도 된다.

03 마지막에 "가위바위보"를 외치며 두 명, 또는 세 명이 가위바위보를 한다. 이 때 진 아이는 이긴 아이의 등 뒤에 서고 어깨 위에 손을 올려놓는다.

04 이제 두 명씩 서로 마주 보고 만나게 한다. 그런 후에 다함께 "왼발을 들고 오른발을 들고 앞으로 갔다 뒤로 갔다 콩콩콩" 율동을 한 후, 가위바위보를 한다.

05 이번에도 진 팀은 이긴 팀 뒤로 가서 어깨에 손을 올려놓는다.

06 이번에는 4명 대 4명이 만나고 같은 요령으로 진행한다. 마지막에 반 전체가

두 팀이 되어 서로 만나 결승전을 치른다.

07 결승전에서 이긴 팀은 두 줄로 서서 서로 손을 마주잡아 터널을 만든다. 진 팀은 한 줄로 서서 빨리 그 터널을 지나 통과한다. 이때 이긴 팀은 가볍게 두 손으로 안마를 해 준다.

01 저학년은 "따르릉 따르릉 비켜나세요. 자전거가 나갑니다. 따르르르릉, 저기 가는 저 사람 조심하세요. 우물쭈물 하다가는 큰일 납니다." '자전거' 노래에 맞추어 팔짱을 낀 채 상대방을 찾아가게 해도 재미있어 합니다.

02 마지막 결승전 전에는 가장 앞에 서 있는 대장의 이름을 각각 묻고 대장의 이름을 딴 팀 이름을 두 손을 흔들며 격렬하게 응원하도록 합니다. 그러면 더욱 긴장되면서도 진지한 마지막 한판 승부가 펼쳐질 것입니다.

03 자칫 마지막 터널을 지날 때 지나치게 세게 때려서 울거나 아픈 아이가 나올 수 있습니다. 기분 나쁘지 않을 정도로 토닥거려야 함을 강조하고 다시 강조해야 합니다. 이런 상황이 걱정된다면, 아예 이긴 팀이 양 편에 서서 손을 들고 있는 진 팀 아이들과 하이파이브를 하며 지나가게 하는 것도 괜찮습니다.

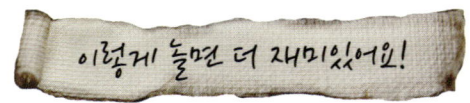

01 마지막에 아이들 전체가 한 팀이 되고, 선생님과 마지막 결승전을 치르게 해도 재미있습니다. 가볍게 소원 들어주기는 어떨까요? 아이들이 이기면 '자유체육', 선생님이 이기면 체육 대신 수학 진도 나가기(?) ^^; 물론 이런 내기는 걸고 하지 않고 그 대신 '급식 5분 먼저 먹기', 또는 '5교시 원하는 친구와 자리 옮겨 앉기' 같은 작은 보상으로 도전해 보세요.

02 가위바위보에 진 아이들은 자칫 재미없는 놀이가 될 수 있습니다. 이럴 때에는 '이겼다 가위바위보'로 바꿔 진행해 보세요.

둘이 가위바위보를 한 후, 이긴 아이는 펄쩍 뛰어 뒤로 돌며 "이겼다."라고 외칩니다. 이때 뒤에 있던 아이도 제자리에서 펄쩍 뛰어 뒤로 돌며 "이겼다."라고 말합니다.

이제 자연스럽게 뒤쪽에 있는 아이들이 맨 앞에 서게 됩니다. 이렇게 둘씩 둘씩 만나 두 번째로 가위바위보를 합니다. 이때에도 이긴 팀 두 명은 모두 펄쩍 뛰어 뒤로 돌며 "이겼다."라고 외칩니다. 진 아이들은 자연스럽게 뒤로 붙어 어깨에 손을 올립니다. 이번에도 이긴 팀의 맨 뒤에 있던 아이가 자연스럽게 선두가 되어 4명을 이끌고 또 다른 4명을 만나게 됩니다. 매번 이렇게 가위바위보를 할 때마다 이긴 팀의 맨 뒤에 있는 아이가 자연스럽게 선두가 되기 때문에 혹시 처음에 졌더라도 계속 기대감을 가지고 놀이에 참여할 수 있습니다.

학기 초 이름 외울 때 까꿍놀이
먼저 이름을 외쳐라

'먼저 이름을 외쳐라' 게임은 일명 '까꿍놀이'라고 불리는 놀이입니다. 학기 초 서로의 이름을 외우게 할 때 많이 활용되고, 좀 더 응용하면 반 친구들의 장점을 찾아줄 때에도 다양하게 활용할 수 있습니다. 가운데 무릎담요나 돗자리 하나만 준비하면 쉽게 도전할 수 있는 까꿍놀이! 아이들과 즐거운 시간이 될 것입니다.

 책상과 의자만 벽으로 밀어놓으면 됩니다. 무릎 담요나 돗자리 등 두 팀 가운데 막아 서로가 안 보이면 충분합니다.

01 교실의 아이들을 두 팀으로 나눈다. 간단히 남자와 여자 두 팀으로 나누어도 좋다.

02 팀별로 모이고, 두 팀 사이에 2명의 놀이 도우미 아이가 무릎담요를 들고 서 있어야 한다.

03 두 팀에서는 상의한 후, 각각 한 명씩 무릎담요 앞에 앉는다. 그리고 "하나둘 셋" 신호와 함께 놀이 도우미들은 무릎담요를 내린다.

04 서로의 얼굴을 보고 먼저 이름을 외친 아이가 승리해 10점을 가져간다. 다시 무릎담요를 가리고 각 팀에서 한 명씩 담요 앞으로 몰래 나온다.

05 처음 나왔던 아이들은 이제부터 놀이 도우미가 되어 양쪽에서 담요를 들어 주도록 한다.

06 같은 요령으로 차례차례 두 팀이 겨루게 한다.
　　학기 초라면, 승부가 끝난 후에도 두 아이의 이름을 아이들에게 되물어 외울 수 있는 시간이 되도록 배려한다.

01 되도록 아이들이 이름을 잘 외우지 못한 아이들, 예를 들어 내성적이고 조용한 아이들이 자주 담요 앞에 나갈 수 있도록 배려합니다.
아이들에게 "어떤 아이가 상대 쪽에 나오면 이름을 부르기 어려울 것 같나요?"라고 발문하고 작전을 짜도록 합니다.

02 좀더 재미있게 진행하려면, 진 아이는 상대 팀으로 흡수되도록 약속합니다. 아예 정해진 팀이 없게 되기 때문에 어느 한 쪽의 아이가 사라지면 승부는 끝납니다. 하지만 엎치락뒤치락 아이들 수가 변하며 내내 흥미진진하게 진행되어 더욱 재미있습니다.

이렇게 놀면 더 재미있어요!

01 1차전 승부가 끝날 무렵에 큰 점수를 걸고, 각 팀의 대표 선수, 즉 더 빨리 상대방의 이름을 부를 수 있는 순발력있는 아이를 3명 뽑도록 합니다. 한 사람당 10점이었던 점수가 무려 2배, 20점씩 3명 60점을 걸고 운명의 한판 승부를 걸겠다고 하면 아이들 엄청 흥분하며 즐거워합니다. 물론 이렇게 재미있게 겨루어도 보상은 없어야 합니다. 놀이의 보상은 바로 '재미'와 '즐거움'이니까요.

02 서로의 이름을 다 외운 뒤에도 까꿍놀이 시즌2로 변형해 놀면 더욱 재미있습니다.

두 팀에서 뽑은 대표가 상대방을 보는 게 아니라 담요를 등지고 우리 편을 향해 앉게 합니다. 이때 "하나둘셋" 신호와 함께 담요를 내리면, 구경만 하던 아이들은 자기 팀 대표 선수에게 상대편 아이가 어떤 아이인지 그 아이의 특징을 살려 설명해 줍니다. 이때 도전의 기회는 세 번 있으니 신중하게 "정답"을 외쳐야 합니다.

정답을 외치는 목소리로 상대 팀 아이에게 들릴 수 있으니, 준비가 가능하다면 골든벨판을 준비해 골든벨판에 정답을 적도록 하면 더욱 공정하고 재미있습니다.

우리 팀 바이러스로 감염시켜라
행복바이러스 게임

바이러스는 다른 유기체의 살아 있는 세포 안에서만 생명 활동을 하는 작은 감염원입니다. 박테리아와 동물을 포함한 동물과 식물에서 미생물에 이르기까지 모든 종류의 생물체를 감염시킬 수 있습니다. '행복바이러스 게임'은 교실에서 아이들을 네 팀으로 나누어 행복한 바이러스를 감염시켜가는 놀이입니다. 간단한 규칙으로 가위바위보를 하여 자기 팀 바이러스를 퍼트리면 되기 때문에 모두 부담 없이 참여할 수 있습니다.

 책상이나 의자를 밀지 않고도 교실에서 바로 시작할 수 있습니다. 아이들 수만큼의 카드를 준비하되 아이들 수를 4의 배수로 맞추도록 합니다. 그리고 4종류의 카드를 준비합니다.

01 선생님이 행복바이러스 게임의 배경을 간단히 소개하며 우리 반에 퍼져가고 있는 4가지 행복바이러스에 대해 설명한다.

"바이러스는 박테리아와 동물을 포함한 동물과 식물에서 미생물에 이르기까지 모든 종류의 생물체를 감염시킬 수 있습니다. 그런데 우리 반에서는 나쁜 바이러스가 아니라 우리 반 모두를 행복하게 해 줄 4개의 바이러스를 만들었습니다. 여러분에게 나누어주는 카드에는 행복바이러스의 이름이 적혀 있습니다. 바로 미인대칭 바이러스였습니다. 미는 '미소 짓기', 인은 '인사하기', 대는 '대화하기', 칭은 '칭찬하기'의 준말입니다.

02 선생님은 미리 '미인대칭' 카드를 준비하고, 줄서 있는 아이들에게 섞어놓은 카드 중에 한 장씩 나누어 준다.

03 선생님의 "시작" 신호에 맞추어 아이들은 여기저기 돌아다니며 친구들을 만나 하이파이브로 인사한다.

04 이어 둘이 가위바위보를 한다. 이때 가위바위보에서 이긴 아이는 진 아이의 머리 위에 손을 올려 마치 감염시키는 듯 한 제스쳐를 취한다.

05 이때 가위바위보에서 이긴 아이가 가진 카드가 '미소 짓기' 카드라면 미소를 짓고, '인사하기' 카드라면 두 손을 들어 흔들며 인사한다. '대화하기' 카드라면 "너와 함께 대화할 수 있어서 기뻐"라고 대화하고, '칭찬하기' 카드라면 가위바위보에서 진 아이의 장점 한 가지를 찾아 "넌 정말 발표를 잘 해." 이렇게 구체적으로 칭찬해야 한다.

06 정해진 시간동안에 가장 많은 행복바이러스를 감염시킨 감염자들이 승리한다.

01 "바이러스는 박테리아와 동물을 포함한 동물과 식물에서 미생물에 이르기까지 모든 종류의 생물체를 감염시킬 수 있습니다. 그런데 우리 놀이에는 나쁜 바이러스가 아니라 우리 반 모두를 행복하게 해 줄 4개의 바이러스를 만들려고 합니다. 여러분은 우리 반이 더욱 행복하기 위해서는 어떤 행복바이러스가 있으면 좋겠다고 생각하나요?"

"웃음 바이러스가 필요합니다. 더 많이 즐겁게 웃었으면 좋겠습니다."
"고운 말 바이러스가 필요합니다. 욕설이 사라지고 고운 말만 퍼지면 얼마나 좋을까요?" 이왕이면 아이들이 만든 이름의 카드로 시작합니다.

02 한 모둠이 4명이라면, 각 모둠의 1번은 '미소짓기' 바이러스, 2번은 '인사하기' 바이러스, 3번은 '대화하기' 바이러스, 4번은 '칭찬하기' 바이러스라고 약속하고 시작하면 따로 카드를 준비하지 않고도 바로 시작할 수 있습니다.

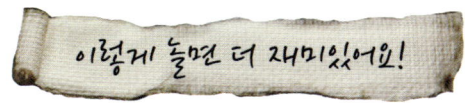

01 '28주 후' 영화 O.S.T를 배경음악으로 틀어줍니다. '28주 후' 영화의 O.S.T는 좀비 바이러스의 감염 속도를 느끼게 하는 구성입니다. 초반에 피아노 소리가 좀비에게 물리고 바이러스가 점점 퍼져가는 상황을 묘사하고, 중반 쯤에 드럼과 일렉 기타의 소리가 마치 이성잃은 좀비에 의해 파괴된 도시가 떠오르는 분위기를 만들어 줍니다.

02 아이들이 교실에서 '가장 듣고 싶은 말 베스트4'를 조사합니다. 어떤 말을 친구들에게 듣고 싶은지 발문하고, 모두 칠판에 쪼습니다. 그런 후에 멀티 보팅, 즉 2개만 투표하도록 하여 가장 많이 표를 받은 것부터 4가지 '듣고 싶은 말'을 각각 네 개의 바이러스로 지정해 놀이해 보세요. 자기 팀 듣고 싶은 말을 하며 돌아다니다가 다른 말을 하는 아이를 만나면 가위바위보를 하고, 가위바위보에서 진 아이도 이긴 아이와 같은 말을 하며 돌아다니게 합니다.

어휘력이 쑥쑥 느는
훈민정음 게임

"훈민정~음, 훈민정~음!" ♬ '훈민정음' 게임은 주어진 한글의 초성에 맞춰 속도감있게 재빨리 엄지손가락을 잡아야 하는 재미있는 놀이입니다.

한글 자음으로 이렇게 많은 단어가 있다니 모두들 놀라게 될 것입니다. 대학생들이 MT에 가서 많이 놀던 놀이인데, 아이들의 어휘력을 길러주는데도 큰 도움이 되고, 분위기를 유쾌하게 만들어 줍니다.

 책상이나 의자를 밀지 않고도 교실에서 모둠별로 모여 바로 시작할 수 있습니다. 모든 아이들에게 바둑알을 5알씩 기본으로 제공합니다.

01 가위바위보를 통해 먼저 시작할 술래를 정한다.

　게임을 시작하는 아이는 문제(예: 기억, 이응)를 제시하고 손가락을 제일 아래 두기 때문에 걸리지 않을 확률이 높아진다. 걸리지 않고 싶다면, 가위, 바위, 보에서 꼭 이기면 된다.

02 게임을 시작할 술래가 정해지면 "훈민정~음, 훈민정~음!" 신나는 구호를 외치며 게임을 시작하면 된다. 이때 처음 시작하는 술래는 엄지손가락을 내밀며 초성 문제를 낸다! 예를 들어 'ㄱ', 'ㅇ'이나 'ㄴ', 'ㅂ' 등을 말하면 된다.

03 이때 술래를 제외한 아이들은 주어진 초성이 들어간 단어를 말하며 엄지손가락을 빠르게 잡는다. 주어진 초성이 'ㄱ', 'ㅇ'이라면 '게임', '고요', '기억',

'거울' 등을 외치면 된다.

04 가장 마지막에 잡힌 아이가 바둑알을 하나 뺏긴다.

05 바둑알을 5개 모두 뺏긴 아이는 함께 정한 벌칙을 받는다.

01 너무 어려운 초성은 게임에 참여한 인원수만큼 단어가 없을 수도 있으니 어느 정도 많은 단어가 나올 단어로 시작하도록 약속합니다.

02 손을 잡는 대신 술래와 하이파이브를 하게 하면 더욱 속도감 있는 놀이가 됩니다.

03 벌칙은 그 아이를 수치스럽게 하지 않는 것으로 약속합니다. 예를 들어 급식 마지막에 먹기, 교실 바닥에 떨어진 쓰레기 5개 검사받고 버리기 등 정도로 기분 나쁘지 않도록 정하면 됩니다.

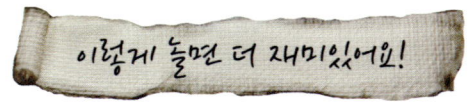

01 아이들끼리 정하게 할 때 종종 'ㅋㅅ'나 'ㅅㅅ' 등 야한 단어가 떠오를 수 있는 초성으로 장난을 치는 아이들이 있습니다. 이런 단어를 용감(?)하게 부르

면 바둑알을 2개 뺏기도록 약속합니다. 이런 문제를 막으려면, 선생님이 TV 화면으로 초성을 제시하고, 모둠별로 진행하게 하는 것도 재미있습니다.

02 한 모둠 4명이 하기에는 빨리 끝나는 감이 있어서 두 손을 다 사용하도록 합니다. 왼손과 오른손을 다 잡아야 하기 때문에 더 많은 단어들이 튀어나오게 되어 있습니다. 이렇게 많은 단어가 있나 아이들 스스로도 놀라게 됩니다.

03 '액션 훈민정음'으로 업그레이드해서 놀이를 해 봅시다. 액션 훈민정음은 훈민정음 게임과 같지만, 자신이 말한 단어와 함께 그 단어에 맞는 액션을 함께 해야 합니다. 예를 들어 '궁녀'라고 말했다면, '궁녀'가 하는 행동 하나를 액션으로 보여주어야 합니다.

넷이 차례대로 이어 외쳐라

넷이서 한마음 게임

선생님이 하나의 주제(예: 방탄소년단 멤버 이름)를 불러주면, 모둠 아이들이 막힘없이 그 주제에 맞는 단어를 빠르게 대답하면 성공하는 놀이입니다. KBS 가족오락관 예능 프로그램을 통해 '퀴즈 오인 오답'으로 처음 널리 알려진 놀이로 다른 모둠이 틀리기 전까지 말한 내용들을 기억하면 경쟁 중에도 서로 배울 수 있어서 즐겁게 참여할 수 있습니다.

 책상이나 의자를 벽으로 밀고, 모둠을 4~6명 정도로 구성합니다.

01 4~6명 모둠을 구성하여 한 줄로 서도록 한다. 모둠마다 칠판 쪽 앞을 보고 한 줄로 선다.

02 선생님이 '주제어'가 담긴 질문을 하나 제시한다. 예를 들어 사회 시간, '행정부에 대해 배웠다면, "우리나라 역대 대통령 이름은?"이라고 묻는다.

03 주제어를 듣고 모둠의 가장 앞에 있는 아이들 중에서 가장 먼저 손을 든 학생에게 발표 기회를 준다.

04 만약 첫 번째 아이가 정답을 맞히면, 다음 순서의 아이가 정답에 도전해야 한다. 보통 시간을 약 5초 정도 주고 주제어에 맞는 다음 단어를 그 뒤에 앉아 있는 친구가 맞히면 된다. 예를 들어 "이승만", "노무현" …

05 이렇게 4~6명이 주제에 맞는 단어를 차례대로 정확하게 말하면 그 모둠이 미션을 성공하게 된다.

06 가장 많이 미션을 성공한 모둠이 승리한다.

01 앞에서 말했던 단어를 또 말하는 경우 【예: '공을 가지고 하는 운동': 축구, 야구, 배구, 야구(X)】, 주제어에 해당하지 않는 단어를 말하는 경우【마라톤(X)】, 시간이 5초를 지나면 미션은 실패하게 되며 자동으로 다음 팀에게 기회가 넘어갑니다.

02 교과 내용과 관련 있는 주제어를 정하는 것이 좋습니다. 예를 들어 실과 식물 단원이라면 '꽃 이름', 동물 단원이라면 "기르고 싶은 애완동물을 말해봅시다."라고 정해 줍니다.

03 짬짬이 아이들과 놀 때 활용해도 좋습니다. 이럴 때에는 아이들이 관심 많은 주제어를 미리 준비하면 좋습니다.

① 같은 학년 다른 반 선생님들 이름

② 우리 반이 좋은 점

③ 우리 선생님의 장점

④ 카카오프렌즈 캐릭터 이름(라이언, 무지, 프로도, 너오, 어피치, 콘, 튜브, 제이지)
　-뽀로로에 나오는 캐릭터 이름(뽀로로, 포비, 루프, 에디, 크롱, 패티, 해리 등)
　-둘리에 나오는 캐릭터 이름(도우너, 또치, 고길동, 박희동, 마이콜, 둘리 등)

⑤ 방탄소년단 멤버 이름 (혹은 트와이스 멤버 이름)

⑥ 어벤져스에 등장한 '히어로'

⑦ 태양계 행성 이름 (지구, 태양 제외, 태양은 항성)

⑧ 별자리 이름

⑨ 교과서 이름

⑩ 오대양 바다 이름

⑪ 육대주 대륙 이름

⑫ 우리나라의 광역시(대구, 인천, 광주, 부산, 울산, 대전)

⑬ 자연재해 이름 (황사, 가뭄, 지진, 폭설, 폭염 등)

⑭ 우리나라 역사 위인(이순신 장군, 세종대왕, 유관순 열사 등)

⑮ 우리나라 공휴일(광복절, 제헌절, 개천절 등)

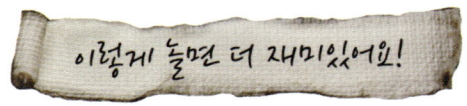

01 미션에 성공하면, 댄스 음악을 미리 준비했다 틀어 줍니다. 이때 성공한 팀은 모두 함께 즐겁게 춤을 추도록 합니다. 훨씬 즐거운 분위기로 놀이를 할 수 있습니다.

02 저학년 아이들과 놀이할 때에는 주제어를 어렵지 않게 준비합니다. 예를 들어 우리 반 여자 아이 이름/ 남자 아이 이름, 동물 이름, 꽃 이름, 과일 이름, 애니메이션 이름, 공룡 이름 등으로 진행해도 재미있습니다.

스파게티면을 하늘 끝까지 마시멜로 챌린지!

'마시멜로 챌린지'란 스파게티면과 테이프 등을 이용하여 제일 꼭대기에 마시멜로를 꽂은 탑을 쌓는 게임입니다. 모둠별로 모여 스파게티면 20개, 테이프와 실, 마시멜로 1개를 가지고 18분 동안 탑을 쌓되, 탑의 맨 위에 마시멜로까지 높이가 가장 높은 팀이 1등이 되는 게임입니다. 아이들은 이 놀이를 통해 모둠 아이들 간의 소통과 협동, 그리고 무엇보다 과정과 시행착오의 중요성을 배우게 될 것입니다.

 모둠별로 20개의 스파게티면, 1미터 짜리 테이프, 1미터짜리 끈, 마시멜로 1개

01 모둠별로 모여 앉고, 준비물로 마시멜로 1개, 스파게티면 20개, 1미터짜리 끈, 가위, 테이프 등을 나누어 준다.

02 모둠별로 모여 스파게티 탑을 쌓기 시작한다.

03 완성후 마시멜로를 그 꼭대기에 올려놓았을 때 무너지지 않아야 한다.

04 18분의 시간동안 가장 높이 탑을 쌓는 모둠이 승리한다.

05 제한된 시간이 지난 후 구조물을 완성한 모둠은 함께 마시멜로 탑 옆에서 인증샷을 찍고, 마시멜로를 맛있게 먹을 수 있도록 선물로 준다.

01 이 활동의 가장 큰 단점은 마시멜로의 유혹입니다. 또, 스파게티면이 쉽게 부러져서 중간에 포기하거나 간혹 팀 내에서 싸움이 발생할 수도 합니다. 너무 열심히 하고 싶은 마음에 실수로 부러뜨린 친구가 미워져 다툼이 일어날 수도 있습니다. 사전에 "이런 상황이 일어났을 때 어떻게 해야 할까요?"라고 질문하여 이야기 나누고 시작하는 것이 좋습니다.

02 단위 수업 시간이 짧기 때문에 스파게티면 10거, 실 50cm, 테이프 40cm 정도로 제공하면 20분 안에 압축된 활동을 할 수 있습니다.

03 완성후 마시멜로를 위에 꽂았을 때 3초를 버텨야 합니다. 버틴 후에 그 끝점의 길이를 재도록 미리 사전에 약속합니다.

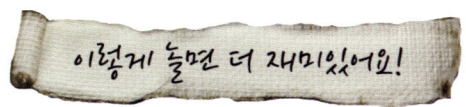

01 톰 워젝은 테드 강의에서 유치원 아이들이 경영대학교 대학생들이나 변호사들보다 높은 마시멜로 탑을 쌓았다고 했습니다. 왜 이런 결과가 나왔는지 사전에 질문을 던져 생각할 시간을 줍니다

실험을 마친 후에는 테드 영상을 8분 정도 시청하고, 마시멜로 챌린지가 무엇인지, 챌린지 성공을 위해 중요한 요소는 무엇일지 생각해 보게 합니다.
톰 워젝은 탑을 완성하는 과정에서 내부 갈등이 존재한다고 이야기합니다. 형식적인 계획을 세우면서 서로 견제하고, 누구의 아이디어가 가장 좋은지

싸우게 된다는 것입니다. 누가 마지막 마시멜로를 놓을 것인지도 논란이 될 수 있습니다. 형식적인 계획과 실패했을 경우 책임 소재 같은 내부 경쟁이 실제로 마시멜로 탑을 쌓는데 비효율적인 요소로 작용한다는 것이죠.

반면 유치원생은 다릅니다. 그들은 마시멜로를 가장 먼저 사용합니다. 그리고 놀이로 생각해서 내부 갈등이 적습니다. 각자 공평하게 마시멜로를 이렇게도 올려보고 저렇게도 올려봅니다.

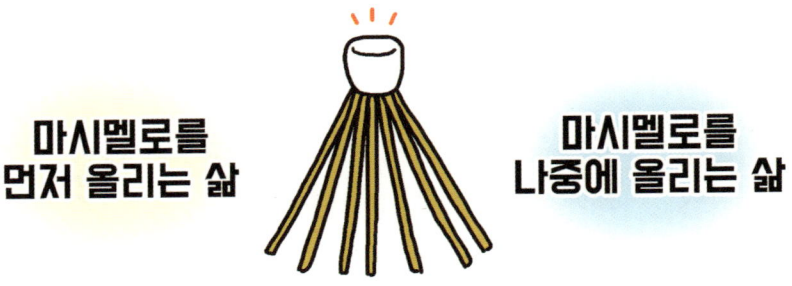

지나친 생각일 수 있지만, 마시멜로를 먼저 올리는 삶과 인생의 끝자락에 달콤한 마시멜로를 기다리며 참고 견디는 삶의 차이가 아닐까? 생각되기도 합니다

02 간단히 '종이탑 쌓기'로 진행해도 재미있습니다.

준비물 구하기가 어렵다면, 간단히 '종이로 탑 쌓기'에 도전해 보세요. 준비물은 A4용지 10장, 가위입니다. 아이들은 종이를 자르거나 접어서 가능한 높은 탑을 쌓는 것이 미션입니다. 10분의 시간 내에 탑을 쌓아야 하고, 탑에서 손을 떼고 3초 후 높이를 잽니다. 이때 가장 높이 탑을 쌓은 모둠이 이기는 게임입니다.

03 '교과서 탑 쌓기'로 진행하게 해도 재미있습니다.

모둠별로 모여 어떻게 쌓으면 높이 쌓을지 토의하는 과정 속에서 강렬한 배움이 일어납니다.

part 3. 우연이 함께 해 더욱 즐거운 행운놀이

01   그림을 그리며 짜릿한 그림마피아 게임
02   그림 릴레이로 이어달리기 릴레이 그림 챌린지
03   그림 글이 뒤범벅 대혼란의 텔레스트레이션 게임
04   우왕좌왕 서로의 생각을 읽는 그림 끝말잇기
05   경청 능력을 키워라 그림 텔레파시 게임
06   핑퐁 탁구공을 던져라 계란판 빙고
07   눈치 보며 즐거운 마피아 초코볼 게임
08   꿈속의 살인을 막아라 예지몽 게임
09   우리 편을 늘려라 곰 연어 모기 게임
10   그동안 어떻게 보냈니? 친구 찾기 게임
11   투명 끈으로 삼각형을 만들어라 정삼각형 만들기 게임

그림을 그리며 짜릿한
그림마피아 게임

아이들이 정말 좋아하는 마피아 게임, 그림으로 그리면 더욱 재미있습니다. '그림마피아' 게임은 일본의 유명한 보드게임 '가짜 예술가 뉴욕에 가다'를 교실에서 할 수 있도록 응용해 만든 색다른 마피아 게임입니다. 두 모둠, 8명 정도가 함께 그림을 그리면서 안에 숨어있는 그림마피아 2명을 맞히어야 합니다. 그림으로 그리는 눈치 게임이라고 할 수 있습니다.

 **놀이방법**

한 모둠 4명이라면, 2모둠씩 8명이 모여 8개의 책상을 안쪽으로 모아 앉습니다. 선생님은 미리 쪽지를 8장 준비하되, 6장은 단어(예: 허수아비, 짱구 등), 2장은 O라고 씁니다. 이때 2장의 쪽지에는 주제어(예: 캐릭터, 가을, 동물 등)를 적어 마피아가 어떤 그림인지 짐작할 수 있도록 합니다. 모둠별로 그림을 그릴 수 있도록 색사인펜과 도화지를 준비합니다.

01 문제 출제자는 8명의 아이들 중에 6명에게 줄 카드에 그림그릴 주제어(예: 허수아비)를 적고 그 중 마피아에게 줄 2장의 카드에는 'O표'와 그림 카테고리(예: 가을)를 표시한다.

02 선생님이 학생들에게 그림마피아 게임의 배경을 소개한다.

> "가짜 예술가가 진짜 예술가들과 함께 뉴욕 비행기에 올라탔습니다. 진짜 예술가들은 가짜가 돌아다닌다는 정보를 얻었습니다. 하지만 서로 자기가 진짜라고 우기니 누가 진짜인지 알 수 없습니다. 예술가들은 함께 그림을 완성시켜서 뉴욕 시민들을 감동시켜야 합니다. 예술가 협회에서는 진짜 예술가들에게만 비밀리에 주제를 알려주었습니다.
> 드디어 예술 발표회 날이 되었습니다. 진짜 예술가들은 숨어서 진짜처럼 행세하는 가짜가 얄밉기만 합니다. 그래서 가짜 예술가를 찾아내기로 했습니다. 진짜 예술가들은 자기가 가진 모든 능력을 다 발휘해야 하지만 가짜 예술가가 '주제'를 모르도록 교묘하게 그림을 그려야 합니다.
> 드디어 예술 발표회 날이 되었습니다.

> 예술가들은 그림을 완성한 뒤 가짜 예술가를 찾아내야 합니다. 만약 엉뚱하게 진짜 예술가가 오해를 받는다면 가짜 예술가의 승리입니다. 하지만 가짜 예술가가 지목을 받더라도 기회는 있습니다. 바로 '주제'를 맞히면 됩니다. 그렇다면 진짜 예술가였다고 주장할 수 있습니다."

03 카드를 섞어서 한 장씩 나눠준다.

04 누구부터 한붓그리기를 할지 토의하고 한 명을 뽑으면, 그 학생부터 시계 방향으로 돌아가며 그림을 그린다. 이때 자신이 정한 색사인펜으로 그림을 그리도록 한다.

05 한붓그리기로 그림을 그리는 데 2바퀴 정도 돌아가며 그린다.

06 그림 그리기를 마쳤다면, 모두 함께 "하나둘셋" 신호와 동시에 손가락으로 그림마피아로 의심되는 아이를 가리킨다.

07 가장 많은 지명을 받은 아이가 자기의 카드를 공개한다. 지명당한 아이가 그림마피아라면, 자기 카드를 공개하고 문제의 주제어를 맞힌다. 마피아인 걸 들켰어도 주제어를 맞힌다면, 도리어 그림마피아가 역전해 승리한다.

08 지명당한 아이가 그림마피아가 아니라면, 남은 학생들끼리 그림 한붓그리기를 한 바퀴 더 한 후, 투표를 다시 한다.

01 만약 진짜 화가가 가장 많은 지명(또는 가짜와 같은 수로 지명)을 당했다면 가짜 화가와 출제자가 승리하게 됩니다(2점). 만약 가짜 예술가가 가장 많은 지목을 당했다면 가짜 예술가에게 마지막 기회가 주어집니다. 바로 주제어를 맞힐 수 있는 기회입니다. 가짜 예술가가 주제어를 정확하게 맞히면 가짜 예술가와 출제자가 승리합니다(2점). 물론 주제어를 맞히지 못하면 나머지 진짜 예술가들이 승리합니다(1점).

02 처음에는 인쇄한 자료를 활용해 게임을 하고, 두 번째 판부터는 마피아 중에 한 명이 문제 출제자가 되어 문제 카드를 만들고, 다음 라운드를 진행합니다.

03 간단하게 작성하려면, 6명에겐 주제어, 2명에겐 O라고 표시해 나누어주고, 모두에게 문제가 어떤 카테고리에 해당되는 건지 알립니다. (예: 동물 카테고리-고양이, 음식 카테고리-식혜 등) 예를 들어 '허수아비'라는 그림의 주제 단어를 정했다면, 모두에게는 '가을' 정도의 카테고리만 알려주면 됩니다.

> 이렇게 놀면 더 재미있어요!

01 반 전체가 교실 앞 칠판에 그림을 그려 진행할 수도 있습니다. 한 반 20명이라면 1/5 정도의 인원을 마피아로 뽑습니다. 약 4명을 마피아로 뽑습니다. 이 경우에는 미리 선생님이 반 아이들 수만큼의 카드를 준비하는데, 그중 4명은 마피아에게 나눠줄 카드로 준비합니다.

02 학생들이 직접 문제의 카테고리와 문제 단어를 만들게 해야 놀이의 주인공이 되어 더욱 재미있게 참여합니다. 처음 규칙을 소개할 때만 미리 준비한 쪽지를 인쇄해 나누어주고, 그 이후부터는 간단히 포스트잇 8장을 받아 문제를 출제하도록 합니다. 자신이 만든 문제가 출제될 때에는 간단히 놀이의 진행을 돕도록 합니다

그림 릴레이로 이어달리기
릴레이 그림 챌린지

'릴레이 그림 챌린지' 게임은 팀에서 한 명은 뒤돌아 있고, 남은 아이들이 20초마다 한번씩 릴레이로 그림을 그려 나가는 협력놀이입니다. 마지막에 정답을 맞히면 성공하는 게임인데, 생각보다 단어를 그림으로 표현하는 게 쉽지 않아서 아이들의 창의력도 쑥쑥 자랄 수 있습니다.

 놀이방법 모둠에서 문제를 맞힐 아이의 책상과 의자만 돌려 앉도록 합니다. 모둠별로 그림을 그릴 무제 공책과 매직펜이 필요합니다.

< 책상 배치 >

01 시작하기 전에 모두 고개를 숙이고, 각 모둠의 1번만 교실 텔레비전으로 보여주는 단어를 보고 무제 공책에 그림을 그리기 시작한다.

02 20초가 지나면, 선생님이 "그만"이라고 말하고 아이는 그림 그리기를 멈추고 모둠의 2번 학생에게 준비물을 넘긴다.

03 다시 선생님이 2번에게 주제 단어를 보여주고, "시작"이라고 외치면 1번 학생이 그린 그림 위에 좀 더 그 단어를 잘 표현할 수 있도록 그림을 추가하여 그린다.

04 20초가 지나면, 선생님이 "그만"이라고 말하고 아이는 그리기를 멈추고 모둠의 3번 학생에게 준비물을 넘긴다.

05 다시 선생님이 3번에게 주제 단어를 보여주고, "시작"이라고 외치면 1번 학생이 그린 그림 위에 좀 더 그 단어를 잘 표현할 수 있도록 그림을 추가하여 그린다.

06 20초가 지나면, 선생님이 "그만"이라고 말하고 마지막으로 뒤돌아있던 학생에게 그림을 보여준다.

07 정답은 한번만 도전할 수 있고, 정답을 맞힌 모둠만 점수를 주고 다음 문제에 도전한다.

01 그림을 그리면서 일체 혼잣말이나 연상되는 이야기를 하지 않도록 약속합니다. 친구가 그림을 그릴 때 자기 생각과 다르다고 자꾸만 뭐라고 조언하는 아이들이 있을 수 있습니다. 친구가 내 생각과 다르게 그림을 그린다고 해도 간섭하거나 조언을 하지 않고 믿고 맡길 수 있도록 합니다.

02 처음에는 간단히 교실에서 볼 수 있는 물건(예: 선풍기, 공기청정기, 일기장, 분필 등)으로 주제를 한정해 제시합니다. 차츰 우리 학교에서 볼 수 있는 것, 우리 고장에서 볼 수 있는 것, 우리 나라에서 볼 수 있는 것 등으로 확장해 나가도 좋습니다. 물건을 넘어서 '응급실', '소방서', '경찰서', '은행' 등 장소로 제시하면 그림으로 표현하기는 어렵지만, 그릴 것들은 많아져서 더욱 흥미진진합니다.

놀이의 마지막 단계에서는 좀더 구체적인 것에서 추상적인 것으로 단어를 제시해 보는 것도 좋습니다. 예를 들어 '우정'이라는 단어를 제시하면, 모둠 아이들끼리 그릴 그림을 상의한 후에 1번부터 차례대로 그림을 그리게 해 보세요.

03 교실 전체 모둠이 같은 주제 단어로 게임을 할 경우라면, 골든벨판을 준비합니다. 마지막에 30초 안에 정답을 골든벨판에 적고, 선생님의 "하나둘셋" 신호와 함께 정답을 들어올려 어느 모둠이 맞았는지 확인해 줍니다.

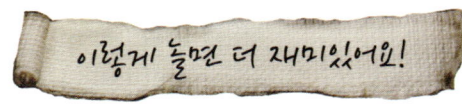

01 처음에는 모둠의 1번, 2번, 3번이 모두 고개를 들고 친구가 그리는 그림을 지켜볼 수 있게 합니다. 그러다가 말로만 조언을 해줄 수 있도록 합니다. 익숙해지면, 최고 난이도 단계는 1번이 그림을 그릴 때 2,3,4번은 모두 고개를 숙입니다. 2번이 그림을 그릴 때는 1,3,4번이 고개를 숙이고, 3번이 그릴 때는 1,2,4번이 고개를 숙입니다. 결국 자기 모둠의 그림들이 어떻게 완성되었는지 모르고 4번과 함께 그려진 그림을 보게 되어 문제를 맞히기가 더욱 쉽지 않습니다.

02 처음에는 개인별로 20초 정도 그림 그릴 시간을 주다가 익숙해지면 난이도를 올려 10초 안에 그림을 그리도록 합니다. 이때 선생님이 "10초", "9

초"…"2초", "1초"라고 크게 불러주면 더욱 속도감 있게 그리려다가 표현하기 어려워지는 경우가 많아서 재미있는 상황이 발생합니다. 그만큼 놀이도 더욱 재미있어 집니다.

03 혹시 4번 학생이 틀린 답을 제시해도 질책하거나 비난하지 않도록 사전에 지도해야 합니다. 어느 누구도 일부러 틀리고 싶어 틀리지 않습니다. 좀 더 관대하게 정답 도전 기회를 2번으로 주고, 첫 번째 맞히면 20점, 두 번째 맞히면 10점으로 점수를 주는 것도 괜찮습니다.

04 문제를 풀 때마다 모둠 번호 순으로 회전하게 합니다. 계속 같은 아이만 문제를 맞히게 하면 부담이 될 수 있습니다. 모둠 1번은 2번으로, 2번은 3번으로, 3번은 4번 술래 자리로 이동하고, 4번 술래는 1번 자리로 이동해 다음 문제를 출제해 주세요. 좀 더 역동적인 그림 챌린지 게임으로 변할 것입니다.

그림 글이 뒤범벅 대혼란의
텔레스트레이션 게임

'텔레스트레이션(Telestrations)' 게임은 2009년에 제작된 보드게임으로 가장 큰 특징은 이기고 지는 게임이 아니라 한데 어울려 한껏 웃다가 끝나는 유쾌한 그림 놀이입니다. 카드를 뽑아서 나온 단어를 그림으로 그리고 다음 사람에게 넘기면 글로 적고, 글을 전달받은 사람은 다시 그림으로 그리며 릴레이 되는 그림놀이입니다. 잘하고 못하고 보다 오히려 못 그리면 영웅이 되는 게임이니 그림 실력을 걱정할 필요도 없습니다.

 6명 정도가 책상을 안쪽으로 모아 앉습니다. 함께 쓸 무제 공책과 펜을 준비합니다.

01 시작하기 전에 모두 고개를 숙이고, 각 모둠의 1번만 교실 텔레비전으로 보여주는 단어를 보고 무제 공책에 그림을 그리기 시작한다.

02 20초가 지나면, 선생님이 "그만"이라고 말하고 아이는 그림그리기를 멈추고 2번 학생에게 무제 공책과 펜을 넘긴다.

03 2번 학생은 그림을 보고 떠오르는 단어를 20초 안에 무제 공책의 다음 장에 쓴다.

04 20초가 지나면, 선생님이 "그만"이라고 말하고 아이는 단어를 쓴 무제 공책을 3번 학생에게 넘긴다.

05 3번 학생은 2번 학생에게 받은 무제 공책의 단어를 보고, 떠오른 것을 공책의 다음 장을 펴고 그린다.

06 이렇게 20초마다 무제 공책을 넘겨받은 아이는 글은 그림으로, 그림은 글로 바꿔 표현하며 계속 전달한다.

07 마지막에 받은 6번 학생은 5번이 전달한 그림을 보고, 최종적으로 정답을

골든벨판에 적는다. 정답이 맞으면 성공하여 점수를 얻는다.

💡 알아두기!!!

01 텔레스트레이션 게임을 할 때 그림을 보다 쉽게 이해시키려 하다 보면, 그림 옆에 문자나 숫자, 감탄사 등을 그리는 경우가 있습니다. 절대 문자나 숫자, 감탄사 등을 쓰면 안 됩니다.

02 너무 쉬워도 너무 어려워도 재미없을 수 있습니다. 단어를 그림으로 바꾸고, 그림을 단어로 바꾸면 전혀 달라질 수 있는 단어를 골라 주제어로 제시해 주세요.
예를 들어 '낚시'라는 단어를 제시하면 여러분은 어떤 그림을 그릴 것 같나요? 최근에 교과서에서 공부한 단어들을 제시해도 괜찮습니다.

03 정답을 맞히고 틀리는 데만 집중하지 않고, 어떤 과정을 거쳐 그런 그림과 단어가 나왔는지 거꾸로 역추적하는 시간을 가져 보세요. 처음에는 왜 이렇게 말도 안되는 그림이나 글이 나왔는지 어이없지만, 설명을 듣고 이야기 나눈다면 모두 서로를 이해하게 됩니다.

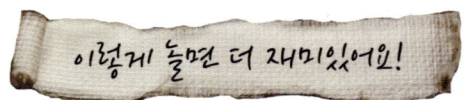

01 텔레스트레이션 보드게임에서는 6명에게 각기 다른 스케치북을 주고, 각자 첫 단어를 보고 그림을 그리게 합니다. 모래시계의 모래가 떨어질 때 즈음에 시계 방향으로 돌리게 해서 동시에 6개의 단어에 대해 서로 다른 텔레스트레이션 게임을 진행할 수 있습니다. 계속해서 전달되는 6개의 그림과 단어에 숨 돌릴 시간도 없이 바쁘지만, 그리거나 글로 쓰고 기다려야 했던 게임에 비해 엄청 즐겁고 게임의 재미도 6배가 됩니다.

> **텔레스트레이션(Telestrations) 보드게임의 규칙**은 다음과 같습니다.
>
> ① 각자 한 개의 스케치북과 펜을 지급받습니다.
>
> ② 카드를 받고 주사위를 굴려 나온 단어를 자신만 봅니다.
>
> ③ 스케치북 첫 페이지에 자신의 이름을 씁니다. 스케치북은 무조건 첫 페이지에서 다음 페이지로 넘어가며 진행됩니다.
>
> ④ 간혹 뒷장을 넘겨보는 사람이 있는데 그러면 안 됩니다. 계속 다음 장으로만 넘어가는 게임입니다.

⑤ 첫 페이지에 자신이 받은 단어의 정답을 적어 넣고 다음 장으로 넘깁니다. 넘긴 페이지에 자신이 작성한 단어를 최대한의 묘사력을 동원해 그립니다.

⑥ 옆 사람에게 넘깁니다. 모래시계 시간이 끝나면 강제로 모두 다음 아이에게 넘깁니다.

⑦ 옆 사람에게 받은 그림을 보고 해당 단어가 무엇인지 파악하여 다음 장에 넘겨 생각한 그 단어를 적습니다.

⑧ 단어를 적고 나면 한 장을 넘겨 그 단어에 대한 그림을 그립니다.

⑨ 모래시계 시간이 끝나기 전에 옆 사람에게 전달합니다.

⑩ 텔레스트레이션(Telestrations)의 마무리

모두 다 작성이 완료되면 첫 번째 스케치북부터 열어서 확인합니다. 원래 답이 뭐였는지 어떻게 변하여 결국 어떤 것이 되었는지 확인하는 과정입니다. 마지막에 한 사람 한 사람 스케치북을 넘기면 정말 빵 터집니다.

02 문제를 풀 때마다 모둠 번호 순으로 회전하게 합니다. 계속 같은 아이만 문제를 맞히게 하면 부담이 될 수 있습니다. 모둠 1번은 2번으로, 2번은 3번으로, 3번은 4번, 4번은 5번, 5번은 6번으로 이동해 그림을 그리던 친구는 글로, 글로 표현하던 친구는 그림을 그릴 기회를 주세요. 서로가 쉽지 않겠지만 서로 다른 입장을 이해하게 됩니다.

우왕좌왕 서로의 생각을 읽는
그림 끝말잇기

'그림 끝말잇기' 게임은 우리가 많이 하는 단어 끝말잇기 게임을 그림으로 바꾼 그림놀이입니다. 선생님이 제시하는 단어(예: 주전자)를 보고, 각 모둠의 1번이 끝말로 시작하는 그림, 예를 들어 '자전거'나 '자라' 등을 그리면 2,3,4번이 차례대로 그림만 보고 끝말을 릴레이로 잇습니다. 혹시 틀리더라도 모두 함께 유쾌하게 웃으며 즐길 수 있는 그림놀이입니다.

 모둠별로 모여 진행합니다. 골든벨판 4개와 마카, 마카 지우개가 필요합니다.

< 책상 배치 >

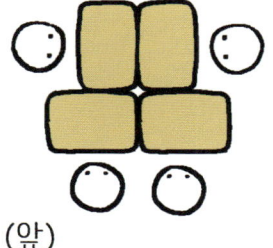

01 선생님은 칠판, 또는 텔레비전의 화면으로 첫 단어를 공개한다.

02 각 모둠의 1번은 선생님이 제시한 단어를 보고 그 단어의 끝 글자로 이어지는 단어를 생각하고, 그 단어를 그림으로 그린다. 예를 들어 선생님이 '의사'를 제시했다면, 1번은 '의사'의 끝 글자인 '사'자로 시작하는 단어를 떠올리고 그림으로 그려야 한다. 사자, 사또 등의 그림을 그리면 된다.

03 2번 학생은 1번 아이의 그림을 보고 역시 같은 요령으로 그림의 끝 글자로 시작되는 그림을 골든벨판에 그린다.

04 20초가 지나면, 선생님이 "그만"이라고 말한다. 이제 3번 학생이 2번 학생이 그린 그림의 끝 글자로 시작되는 그림을 끝말잇기로 그린다.

05 이제 마지막으로 4번 학생이 3번 학생의 그림을 보고 떠올린 그림을 그리고 그 그림이 무엇인지 정답을 발표한다.

06 첫 번째 그림을 그린 아이부터 무엇을 그렸는지 발표하고, 다음 학생들이 제대로 이해하고 그렸는지 확인한다.

07 4명 모두 제대로 이해하고 그림을 그렸다면 40점, 3명만 제대로 이해했다면 30점, 2명만 제대로 이해했다면 20점을 받는다.

알아두기!!!!

01 그림 릴레이를 하며 쉽게 이해시키기 위해 글자나 숫자, 영어 등을 쓰면 안 됩니다. 반드시 그림으로만 그려 릴레이하도록 약속합니다.

02 정답을 맞혔는지 틀렸는지에만 관심을 기울이지 않고, 어떤 과정을 거쳐 잘못된 해석이 나왔는지, 그리고 어떻게 그렸으면 더 좋았을지 이야기 나누는 시간을 가집니다. 그런 과정을 통해 생각의 지혜가 발전하게 되어 있습니다.

> 이렇게 놀면 더 재미있어요!

01 무작정 그리려면 쉽지 않습니다. 힌트로 골든벨판 한쪽에 몇 글자인지 숫자를 적어주면 좀 더 친절하게 아이들이 다음 그림을 그릴 수 있습니다.

02 나머지 학생들은 그림을 그릴 때마다 "하나둘셋" 신호와 함께 엄지를 들거나 내려 무엇을 그렸는지 알았다는 신호를 보여주게 합니다. 이때 모둠에서 2명 이상 엄지를 들어야만 다음 아이가 그리도록 약속합니다. 만약 아무도 엄지를 들지 못했다면, 그림 표현에서 정확하지 않은 부분이 있다는 것이니 좀 더 보완해 그리도록 시간을 줍니다.

03 그림을 그리는 순서도 돌아가며 그리도록 합니다. 이번에 모둠번호 1번이 가장 먼저 그렸다면, 다음번에는 각 모둠의 2번이 먼저 그리기 시작합니다. 이렇게 돌아가며 그려봐야 처음에 그리는 친구들이, 두 번째 그리는 친구들이 각각 어떤 어려움을 안고 그렸는지 서로를 이해할 수 있게 됩니다.

경청 능력을 키워라
그림 텔레파시 게임

'그림 텔레파시' 게임은 모둠이 함께 어떤 사물의 그림을 그리는데, 모두 등을 돌리고 그림을 그리기 때문에 설명을 하는 사람은 알아듣기 쉽게 설명을 하면서 그려야 합니다. 아울러 모둠의 다른 학생들은 친구가 하는 설명대로 정확하게 그려야 합니다. 서로 텔레파시가 통해 정확하게 그림을 그리려면, 더욱 더 친구들의 말을 경청해야 하기 때문에 학기 초 의사소통 훈련 프로그램으로도 좋은 그림놀이입니다.

 모둠별로 모여 진행합니다. 무제 공책과 펜이 필요합니다.

01 모둠끼리 동서남북 네 방향으로 등을 대고 책상에 앉는다.

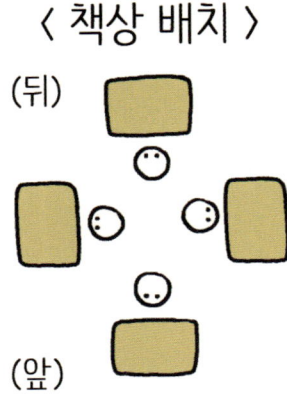

〈 책상 배치 〉

02 각 모둠의 1번은 그림을 그리면서 친구들에게 자세히 그림에 대해 묘사하여 설명한다. 이때 너무 어렵지 않도록 간단히 원이나 사각형, 삼각형 등을 이용해 그림을 그리도록 한다.

03 모둠의 2번, 3번, 4번은 1번의 설명만 듣고 머릿속에 상상한대로 그림을 그려야 한다.

04 모두 그렸는지 서로 확인되면 뒤로 돌아 서로가 그린 그림을 1번 학생의 그림과 비교한다.

05 2번 학생부터 왜 1번 학생의 그림과 차이가 생겼는지 묻고 답하며 부족한 설명이 무엇인지 이야기 나눈다. 이어 3번 학생, 4번 학생이 차례로 1번 학생의 그림과 자신의 그림이 어떻게 달라졌는지, 어떤 부분의 설명이 더 추가되어야 했는지 이야기 나누도록 한다.

01 각 모둠에서 친구의 설명을 잘 듣고 그림을 그리되, 중간에 묻지 않도록 약속합니다. 묻지 않고 그림을 그리면서 느끼는 막막함, 답답함이야말로 '경청'하는 자세의 중요성을 깨닫게 해줍니다.

02 처음에는 간단히 원 하나, 사각형 2개, 삼각형 3개 등 도형을 지정해 사용해서 그립니다. 조금 익숙해지면 많이 알려진 사물이나 캐릭터 등에도 도전합니다.

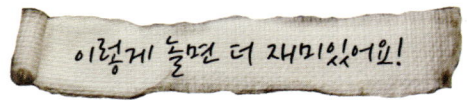

01 처음에는 둘씩 짝을 지어 짝놀이로 진행합니다. 둘씩 서로의 등을 맞대고, 한 명이 그리면서 설명하고, 다른 한명은 설명을 들은 대로 그림을 그립니다.
2단계에는 설명을 하는 아이만 그림을 그리면서 듣는 아이가 잘 이해하고 그리고 있는지 질문할 수 있습니다. 이때 설명을 듣는 아이는 "예, 아니오"로만 대답할 수 있습니다.
3단계에는 설명을 하는 아이와 듣는 아이의 역할을 바꾸고, 서로의 그림을 보지 못하지만, 마음껏 서로 질문하고 대답할 수 있도록 합니다. 모든 활동을 마친 후에는 반드시 서로의 소감을 이야기 나누도록 합니다.

02 경희여중 강용철 선생님은 '텔레파시 대화'라는 수업으로 변형해 지도하셨

습니다. 두 명씩 짝을 지은 뒤 서로 등을 맞댄 상태에서 A4종이를 접고 찢습니다. 총 세 번을 접고 두 번을 찢어야 하는데 한 학생이 먼저 접고 찢으며 자신이 어떻게 했는지 말로 설명합니다. 그러면 짝꿍은 귀로만 설명을 들으며 이를 따라합니다.

예를 들면 '종이를 세로로 놓고 반을 접은 뒤 오른쪽 모서리를 조금 찢어'라는 말을 듣고 이를 실행하는 식입니다.

활동이 끝난 뒤 종이를 펼쳤을 때 두 사람의 A4종이가 같은 모양이면 소통에 성공한 것. 하지만 대부분의 학생은 그 모양이 전혀 달라 곳곳에서 웃음이 터져 나오게 되어 있습니다. 이때 '경청(傾聽)'이라는 한자의 의미를 설명해주면 좋습니다. 특히 '들을 청'자에는 '눈 목(目)'과 '귀 이(耳)', '마음 심(心)'자가 같이 들어있는 만큼 몸을 기울여 눈과 귀, 마음으로 상대방의 이야기를 들어야 '경청'이라고 강조하며 마무리 합니다.

03 모둠별로 진행하는 대신, 교실의 텔레비전으로 지시를 내려 그리도록 해보셔도 좋습니다.

① 종이는 책상 위에 세로로 놓여 있어야 합니다.

② 종이 중간에 중간 크기의 원을 그립니다.

③ 원 아래에 중간 크기의 정사각형을 그리고 그 꼭대기가 원의 아래쪽에 닿도록 하십시오.

④ 사각형 가운데 중간 크기의 하트를 그립니다.

⑤ 사각형의 양옆 쪽에 하나씩 작은 2개의 직사각형을 그립니다. 두 개의 직사각형은 가운데 사각형의 측면에 접해 있습니다. 또한 각 사각형의 상단은 가운데 정사각형의 상단과 일치해야합니다.

⑥ 원 위에 원 지름 넓이의 정삼각형을 그립니다. 삼각형의 아래쪽이 원의 상단과 맞붙어야 합니다.

⑦ 삼각형 안에 세 개의 작은 별을 그립니다.

⑧ 중간 크기의 원 가운데에 작은 삼각형을 그립니다.

⑨ 작은 삼각형 아래로 위로 휘어진 호를 그립니다.

⑩ 작은 삼각형 위에 두 개의 작은 원을 그립니다. 하나는 약간 오른쪽이고 다른 하나는 약간 왼쪽에 그립니다.

아이들이 그림을 그린 후에 아래쪽 정답 화면을 제시해 보세요. 그런 후에 어떤 부분이 설명이 부족했는지 이야기 나누며 '경청'의 의미를 되새기도록 합니다.

활동을 마친 후에는 '고기질리'에 대해서도 설명해 줍니다. 경청의 자세는 '고: 고개를 끄덕이기, 기: 앞으로 몸을 기울여 듣기, 질: 질문하기, 리: 리액션하며 듣기'가 중요합니다.

핑퐁 탁구공을 던져라
계란판 빙고

'계란판 빙고' 게임은 두 팀이 서로 다른 색깔의 탁구공을 준비하고, 탁구공을 바닥에 튕겨 계란판 위에 올려놓는 게임입니다. 이때 가로나 세로, 대각선으로 한 줄을 이어야 이길 수 있기에 더욱 집중력과 신체 감각이 필요한 짬짬이 놀이입니다.

 책상을 벽으로 밀고, 두 가지 색깔의 탁구공들, 그리고 계란판을 준비합니다.

01 아이들을 두 팀으로 나누고, 각 팀별로 서로 다른 탁구공들을 나누어 준다. 그리고 두 팀으로부터 약 1미터 정도 떨어진 한 가운데에 계란판을 놓는다.

02 두 팀의 대표 선수가 가위바위보를 하여 이긴 팀부터 먼저 공격권과 어떤 색깔의 탁구공을 사용할지 선택할 수 있다.

03 이긴 팀부터 공을 한번 튕긴 후에 계란판에 올려놓을 수 있도록 던진다.

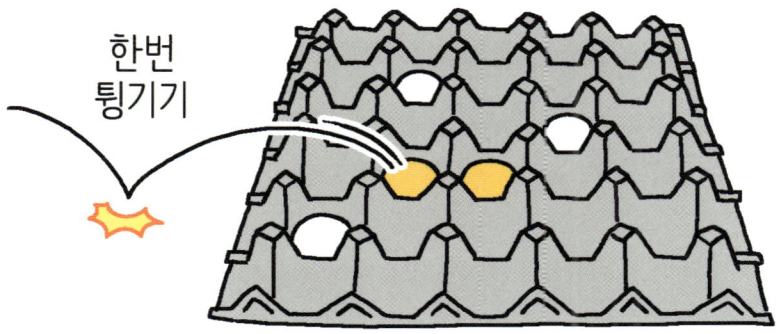

04 두 팀이 번갈아 가며 탁구공을 바운드시켜 계란판에 공이 올라갈 수 있도록 시합을 진행한다.

05 두 팀 중에 어느 한 쪽의 탁구공이 가로나 세로, 대각선으로 한 줄 빙고를 완성하면 승리한다.

알아두기!!!

01 계란판은 미리 급식실에 부탁하면 쉽게 구할 수 있습니다.

처음에 계란판을 구하느라 애를 먹었습니다. 모둠별로 하나씩 활용하게 하려면, 미리 급식실 영양교사에게 부탁드리면, 얼마든지 구할 수 있습니다. 탁구공은 대량으로 구입하면, 저렴하게 구해 다양한 용도로 활용할 수 있습니다. 탁구공 모양의 로또공 등을 구입하면, 50개의 공정도면 5000원 정도의 저렴한 가격으로 구입할 수 있습니다.

02 두 번 튕겨 들어가거나 계란판에 들어갔다 나간 경우는 함께 정한 규칙 '한 번 바운드된 후에 들어가야 한다.'에 어긋나므로 인정하지 않습니다.

03 탁구공도 있는데 바로 계란판을 구하지 못하는 상황에는 간단히 종이컵 9개를 준비해 게임을 해도 됩니다. 플라스틱 컵이 있으면 더 좋습니다. 이때 컵이 넘어지거나 튕겨나가지 않도록 컵 안에 물을 절반 정도 담아놓으면 됩니다.

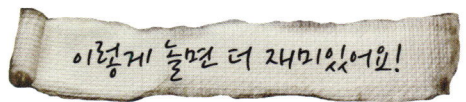

01 처음 시작할 때에는 종이컵 5개에 물을 담아 넣고 연습경기를 펼치는 것이 좋습니다. 이때는 입으로 불어서 다음 종이컵에 들어갈 수 있도록 시합을 합니다.

시작하기 전에 가볍게 빈 종이컵 안에 탁구공을 넣고, 어떤 방향으로 불면 탁구공을 바깥쪽으로 내보낼 수 있을지 질문을 던져 보세요. 우주정보소년단 청소년단체 활동할 때에 이 실험으로도 즐겁게 활동했던 경험이 있답니다.

02 종이컵을 가로로 늘어놓고, 탁구공을 하나씩 바운드시켜 넣어 모든 종이컵에 다 탁구공을 넣으면 승리하는 미션으로 놀이를 진행해 봅시다. 시간이 충분하면 10개의 종이컵으로, 부족하면 5개의 종이컵에 모두 넣으면 됩니다. 두 팀으로 나누어 좀 더 마음이 급하게 진행하면, 재미있는 상황이 많이 연출됩니다.

03 종이컵을 9개의 볼링 핀처럼 놓고, 놓인 순서에 따라 점수를 따로 주면 색다른 게임이 됩니다. 가장 앞에 있는 종이컵은 10점, 두 번째 위치의 종이컵 2개에 들어가면 5점, 세 번째 위치의 종이컵 3개안에 들어가면 3점, 마지막 네 번째 줄의 4개 종이컵에 들어가면 2점을 얻습니다. 우연의 요소가 들어가 뜻밖의 역전이 가능해져서 더욱 재미있습니다.

04 바닥에 튕기는 것도 재미있지만, 아찔한 낭떠러지 절벽 위에서 하는 기분을 느끼게 하려면 책상을 3개 배치해서 게임해 보세요. 양 팀의 앞쪽에 책상이 하나씩 있고, 가운데 책상 위에는 계란판 또는 9개의 종이컵을 배치합니다. 던진 탁구공은 책상을 맞고 바운드 되어 가운데 있는 책상위의 계란판 위에 착지해야 합니다. 좀 더 어려워진 난이도만큼 성취감도 커집니다.

눈치 보며 즐거운
마피아 초코볼 게임

 '마피아 초코볼 게임'은 Don't eat PETE 게임으로 많이 알려진 파티 게임으로 한 명을 교실 밖으로 내보냈다가 돌아와 진행하는 놀이입니다. 엠엔엠즈 초코볼을 준비하고, 주어진 그림 위에 놓여진 초코볼을 맛있게 먹을 수 있어서 즐겁고 유쾌한 게임입니다.

 **놀이방법** 예쁜 그림이 그려져있는 게임 보드판, 엠엔엠 초코볼이나 사탕

01 게임 보드판을 교실 중앙에 놓고 모든 학생들이 그 주위에 원을 그리며 앉는다. 그런 다음에 9개의 그림이 그려진 게임판 위에 엠엔엠즈 초콜릿을 각각 하나씩, 모두 9개를 올려놓는다.

02 반 아이들 중에서 복도로 한 명을 내 보낸다.

03 교실에 남아있는 모든 학생들은 상의하여 하나를 마피아 초코볼로 선택한다.

04 복도로 나갔던 아이를 다시 교실로 불러들인다.

05 돌아온 학생은 한 번에 하나씩 초코볼을 집어 먹는다. 이때 만약 모두 마피아로 뽑았던 풍선 위의 초코볼을 먹으려고 하면, 모두들 함께 "먹지 마"라고 외쳐야 한다.

06 먹으려 했던 초코볼은 다시 보드판 위에 올려놓아야 한다. 밖에 나갔던 학생이 마피아 칸의 초코볼을 집어 먹으려고 할 때, 라운드는 끝난다.

07 보드판 위에 다시 초코볼을 채우고, 다음 학생을 복도로 내 보낸다. 같은 방법으로 보드판 위의 마피아를 고르고, 모든 초코볼이 없어질 때까지 게임을 계속 진행한다.

01 엠엔엠즈 초콜릿이 아니라 사탕으로 진행해도 됩니다. 다만 이때는 밖에 나갔던 학생이 들어와 고른 사탕을 모두 먹게 하지 않고, 마피아 칸을 찾기 전까지 모은 사탕을 따로 모두 모아 보관하도록 합니다. 마지막에 모두 똑같이 나누어줍니다.

02 모든 초코볼이 사라질 때로 정하거나 모든 학생이 한 번씩은 다 복도로 나갔다가 들어오는 역할을 할 때까지로 시간을 미리 정해서 시작합니다.

03 모둠별로 진행할 때 더욱 재미있습니다. 어느 칸이 마피아인지 아는 아이들은 사이사이 들킨 것 같은 표정과 리액션으로 추리하는 아이를 속일 수 있습니다. 진짜 속아서 다른 칸으로 갈 때, 아이들의 넘치는 웃음을 볼 수 있습니다.

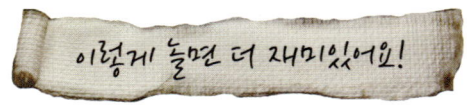

01 복도로 나갔다 들어온 학생이 마피아 칸을 만날 때까지 남아있던 초코볼은 모두 교실에 있던 학생들 것이므로 따로 모아둡니다. 마지막에 남아있는 학생들 수만큼 똑같이 나누어 먹을 수 있도록 나누어 줍니다.

02 밖에 나갔다 들어오면 바로 먹지 않고, 모여 있는 아이들의 반응을 지켜보며 눈치 싸움을 하고 먹도록 해야 더욱 재미있습니다. '메라비언의 법칙'에서 말의 내용은 겨우 7%, 시각적 요소는 55%를 차지합니다. 아이들의 반응을 통해 추리하며 초코볼을 먹도록 안내합니다.

03 9개의 칸 위에 다양한 과자를 놓아두고 진행해도 재미있습니다. 이때에는 마피아 칸을 선택하기 전의 과자만 먹을 수 있도록 약속합니다.

04 초코볼을 가져가기 전에 초코볼 칸마다 미리 질문을 준비해놓아 질문에 대답해야 가져갈 수 있도록 규칙을 추가해 보세요. 공부한 내용을 복습하는 수업놀이로도 활용할 수 있습니다.

꿈속의 살인을 막아라
예지몽 게임

'예지몽'은 사실 비과학적이고 미신적인 일로서, 현실에서 앞으로 일어나게 될 일을 꿈에서 보게 되는 것입니다. 일반적인 꿈과는 달리 상징이 없고 사실적이므로 해석이 필요하지 않습니다. 하지만 '예지몽' 게임에서의 '예지몽'은 다릅니다. 여러분은 살인 사건의 용의자를 예지몽으로 봤고, 용의자 4명을 빨리 찾아내지 않으면 우리 반 친구들이 위험해 집니다. 흥미진진한 추리 게임의 세계로 출발해 볼까요?

 **책상과 의자를 모두 벽으로 밀고 모자를 4개 준비합니다.**

01 아이들이 다 앉으면 창문을 닫고, 커튼을 치고 형광등 불을 꺼 분위기를 으스스하게 만든다. 그리고 모두 눈을 감게 하고 이야기를 해준다.
"어느 날, 여러분은 꿈을 꾸었습니다. 비가 내리고 한 소녀가 도망치듯 뛰어갑니다. 뒤를 쫓아가는 사람은 손에 칼을 들고 있었습니다. 여러분은 예지몽인 것을 직감하고 그 사람의 얼굴을 쳐다봤습니다. 그는 검은 모자를 쓰고 있었습니다. 그런데 그만 잠을 깨고 말았습니다. 여러분들은 이제 모두 용의자입니다. 이 중에서 4명은 살인을 계획한 진짜 범인이 됩니다. 모자를 쓴 네 명의 범인을 찾아 살인을 막아 주세요."

02 예지몽을 꾼 4명은 교실 앞에서 칠판을 보고 뒤돌아선다.

03 교실 안에 있던 아이들은 상의 후에 4명의 범인을 뽑고 그 아이들만 모자를 가져간다.

04 교실에 있는 아이들이 16명 정도라면 가로 세로 각 4줄로 줄과 열을 맞추어 선다. 이때 4명의 범인들은 여기 저기 골고루 흩어 서도록 한다. 이때 모자를 가진 살인자는 등 뒤로 모자를 숨긴다. 모자가 없는 용의자들도 범인을 숨겨주기 위해 모자가 있는 척 해야 한다.

05 예지몽을 꾼 4명은 서로 상의하여 모자를 들고 있을 것 같은 아이를 지명한다. 4명이 함께 한 아이를 가리키며 "네가 범인이지?"라고 말하고, 실제로 범인이라면 모자를 쓰며 "이렇게 잡히다니! 분하다"라며 상황극을 한다. 그런 후에 앞으로 끌려 나온다.

06 범인이 아니라면, 뒷짐을 풀고 손을 머리에 올린 후 "억울해. 우리 줄에 1명이 있는데…….", "억울해, 내 앞이나 뒤쪽에 있는데…", "억울해, 내 앞뒤 오른쪽 왼쪽엔 한 명도 없는데…….." 등의 힌트가 되는 말을 하고 앞으로 끌려 나온다.

07 4명의 범인을 모두 잡으면 게임은 끝난다. 범인을 잡을 때까지 몇 명의 용의자를 체포했는지를 통해 예지몽 탐정의 자격을 가린다.

01 모자 4개를 구하기 어렵다면, 간단히 교실에서 구하기 쉬운 소품으로 바꾸면 됩니다. 예를 들어 '책'으로 바꿀 수도 있습니다. 책을 사용하실 땐 예지몽 속에서 범인이 옆에 책을 들고 있었다고 스토리텔링하시면 됩니다. 손에 휴대전화를 들고 있었다고 스토리텔링을 한 후, 범인은 손 뒤로 휴대전화를

가지고 있게 해도 됩니다.

02 예지몽을 꾼 아이들 4명을 교실 밖으로 잠시 내 보낸 후, 교실의 아이들끼리 상의하게 해도 좋습니다. 그냥 교실 책상에 그대로 앉아 있되 엉덩이 아래에 모자를 깔고 앉아 숨기게 합니다. 아이들이 속이기 위해 없어도 있는 척 연기하는 모습들을 보면 여기저기서 웃음이 터져 나옵니다.

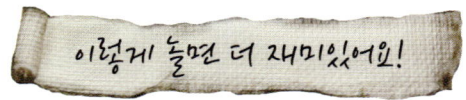
이렇게 놀면 더 재미있어요!

01 '비 내리는 소리' 효과음 파일을 준비해서 용의자들이 누가 모자를 가지고 있을지 소리 없이 상의할 때에는 비 내리는 소리를 들려줍니다. 빗소리를 멈추면, 그때부터 교실 앞에서 칠판을 보며 기다리던 아이들, 예지몽을 꾸었던 4명의 학생들은 수사를 시작합니다.

02 예지몽을 꾼 아이들 수를 전체 인원의 1/3 정도로 늘려도 좋습니다. 30명이 한 반이라면, 10명의 선량한 시민과 살인을 계획한 4명의 범인의 대결로 이어가면 됩니다. 이때 10명의 시민에게는 각 1회, 범인을 맞출 10번의 기회만 주어집니다. 이렇게 한 명의 범인을 찾으면 10점, 4명의 범인을 다 찾으면 100점의 탐정 점수를 얻게 됩니다.

우리 편을 늘려라
곰 연어 모기 게임

'곰 연어 모기 게임'은 다른 무엇이 되어보는 특별한 경험을 하게 해 주는 연극놀이입니다. 신나는 경험을 혼자가 아니라, 친구들과 함께 즐기게 해 줍니다. 두 팀으로 나누어 진행하는데, 서로 어떤 동물이 될지는 비밀이기 때문에 마치 가위바위보를 할 때처럼 짜릿한 긴장감도 느낄 수 있습니다. 아울러 상대 팀에게 잡히면 상대 팀으로 흡수되기 때문에 네편 내편이 따로 없는 유쾌한 놀이입니다. 친구들과 비밀리에 정한 우리 팀의 약속을 이행하는 과정에서 함께하는 재미를 만끽 합니다. 그렇게 해서 친구들에게 마음을 여는 것입니다.

 **놀이방법** 책상과 의자를 모두 벽으로 밀고 가운데 라인을 그려 표시합니다. 줄넘기 줄로 선을 표시해도 좋습니다. 작은 인형 2개

01 시작하기 전에 세 가지 동작을 함께 정한다.

"여름에 우리를 가장 괴롭히는 모기를 제스처로 표현해보고, 물속에서 마음껏 헤엄치는 물고기, 깊은 산 속의 곰을 표현해 봅시다. 우리 반 모두를 두 팀으로 나누고, 각 팀이 따로 모여 어떤 모습으로 변할지를 비밀리에 정한 다음 대결하는 것입니다. 모기와 물고기가 싸우면 누가 이길까요? 물론 물고기가 이깁니다. 물고기와 곰이 싸우면 곰이 이깁니다. 그런데 곰과 모기가 싸우면 누가 이길까요? 뜻밖에도 모기가 이깁니다. 상대방에게 잡혀가면 이젠 그 편이 됩니다. 적이 잡히면 바로 우리 편이 되는 활동입니다."

02 학생들을 두 팀으로 나눈다.

예) 생일이 짝수 달인 사람, 홀수 달인 사람

03 팀이 나누어지면, 모두에게 규칙을 설명한다.

- 모기 제스처를 연습합니다. 다음으로 물고기, 다음으로 곰

세 가지 제스처는 미리 선생님이 준비해도 좋고, 학생들과 그 자리에서 정해도 된다.

04 팀별로 정해진 구역(각 팀의 마스코트 인형이 있는 곳)에 모여 세 가지 제스처의 순서를 비밀리에 정해 오게 한다.

05 약간의 시간을 주고 다시 두 팀을 마주보게 하고 규칙을 설명한다.

06 선생님의 "하나둘셋" 신호와 함께 각 팀에서 1번으로 정한 것을 모션으로 표현한다.

07 진 팀은 뒤로 돌아 정해진 지역까지 도망가면 된다. 이때 이긴 팀은 도망가는 팀을 터치해야 하는데, 터치된 아이는 상대편으로 넘어간다.

08 터치된 아이도 상대 팀과 한 편이 되어 세 가지 제스처와 순서를 익히고, 같은 방법으로 한쪽 팀이 다 잡힐 때까지 활동한다.

01 달리기 게임에서와 마찬가지로 가장 중요한 것은 안전입니다. 친구를 쫓아가 터치할 때 친절하게 태그해 달라고 미리 부탁합니다.

02 머리 위로 손을 높이 들고 곰처럼 포효하는 모습은 '곰'입니다. 손을 모으고 검지 손가락을 코에서 내 보내어 '모기'를 표현합니다. '연어'는 물속을 헤엄치는 것처럼 손을 움직이면 됩니다. 곰, 연어, 모기의 상징적인 몸짓을 함께 정합니다.(소리도 곁들입니다.)

곰 : 두 손을 위로 든다. "어흥!"

연어: 두 손을 모아 물고기처럼 헤엄치듯이 한다. "파닥파닥!"

모기: 엄지 검지를 모아 "엥!" 소리를 내며 모기 흉내를 낸다.

같은 팀끼리 안전지대에 모여 무슨 동작을 나타낼 것인지 3가지 이상 협의하여 결정합니다.

03 모든 사람이 지쳐 뛰기 힘들거나 모두 같은 팀이 될 때까지 게임을 반복해서 진행합니다. 아울러 양측이 매우 불균형해지면? 이것이 진정한 생태계라면 어떤 일이 일어날 지 학생들에게 질문해 봅시다.

"25 마리의 곰과 1 마리의 물고기가 있다면 미래는 어떻게 될까요?"

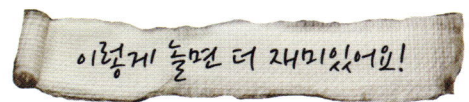
이렇게 놀면 더 재미있어요!

01 저학년이라면 간단히 가위, 바위, 보로만 진행해도 됩니다. 팀별로 모여서 가위를 낼지, 바위를 낼지, 보를 낼지 상의하고 모여서 가위바위보를 합니다. 이렇게 단순하게 해도 팀이 바뀌는 규칙 때문에 즐겁게 게임을 합니다.

02 고학년이라면, 거인과 마법사, 엘프 게임으로 변형허 진행합니다. 거인은 마

법사를 이기고, 마법사는 엘프를 이기고, 엘프는 거인을 이깁니다.

거 인: 거인처럼 팔을 들고 겁에 질려 소란스러운 소리를 너면 됩니다. "와아..."

마법사: 마법의 주문을 외우는 것처럼 손가락을 흔들고 마법의 주문을 외웁니다. "수리수리 마수리"

엘 프: 매우 낮게 아래로 굽히고 귀를 감싸고 귀를 기울이면서 높은 엘프 소음을 냅니다. "에에에에...!"

그동안 어떻게 보냈니?
친구 찾기 게임

'친구 찾기 게임'은 새 학기가 시작되며 해도 좋고, 여름방학이나 겨울방학이 끝나고 오랜만에 모인 친구들과 하기에 적당한 놀이입니다. 주어진 표에서 해당하는 친구를 찾아다니는 놀이로 빙고 게임까지 결합해 진행하면, 우연이 따라주며 행운의 역전 기회를 제공되기 때문에 마지막까지도 포기하지 않고 모두들 열심히 참여합니다.

10. 그동안 어떻게 보냈니? 친구 찾기 게임 · 165

 일반적인 교실 대형에서 그대로 활용할 수 있어서 좋습니다. 친구 찾기 게임용 학습지만 준비하면 됩니다.

01 개인별로 '친구 찾기' 학습지를 나누어주면, 위쪽에 자신의 이름을 적는다.

02 선생님의 "시작" 신호와 함께 자리에서 일어나 돌아다니며 다른 친구들을 만난다.

03 둘이 만나면, 기분 좋게 하이파이브로 인사하고 가위바위보를 한다.

04 가위바위보에서 이긴 아이는 학습지를 보며, 그중에 상대편 아이가 해당될 것 같은 칸을 하나 골라 질문한다.
"혹시 이번 방학 때 우리 반 친구를 만난 적 있니?"

05 이때 만약 상대방이 "응, ○○를 만난 적 있어."라고 대답한다면, 해당하는 칸에 그 친구의 사인을 받는다. 이때 반드시 그 친구의 이름을 알아볼 수 있는 사인이어야 한다.

06 만약 상대방이 "아니, 그런 적 없어."라고 말하면 다시 하이파이브하고 다른 친구를 만나러 간다.

07 정해진 시간이 지나면, 선생님의 "그만" 신호에 따라 자기 자리로 돌아간다. 자기 자리로 돌아가면, 친구의 사인을 몇 개 모았는지 통계를 낸다.

08 가장 많이 모은 친구부터 확인하고 적극적으로 더 열심히 참여한 그 태도를 칭찬하고 격려한다.

 **알아두기!!!**

01 시작하기 전에 따로 보상이 없으니 솔직하게 대답해주자고 이야기합니다. 자칫 보상이 걸리면, 이기기 위해서 자기 마음을 속이는 경우도 생길 수 있습니다.

02 둘이 만나서 가위바위보를 했는데, 칸에 있는 친구의 경험을 맞히지 못했다면 한 번 더 가위바위보를 할 수 있습니다. 물론 이때 두 친구의 학습지 중 어느 칸에도 서로의 이름이 적혀있지 않아야 합니다.

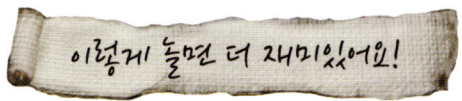

01 학기 초라면, 서로가 가진 것(형제, 애완동물 등), 잘하는 것(축구, 수영 등), 좋아하는 것(피자, 보라색, 딸기 등) 등을 적어 사인을 받게 해도 좋습니다.

02 처음 만났을 때에는 우리 반에 자신과 공통점이 있는 친구가 누가 있을지 궁금해 합니다. 탐정처럼 추리하듯 친구들과 서로 묻고 답하며 우리 반 아이들이 무엇을 좋아하는지 조사하게 하면 무척 재미있어 합니다.

03 가장 많이 사인을 받게 하는 것도 좋지만, 빙고 게임으로 진행해도 좋습니다. 가로나 세로, 대각선으로 한 줄 이상 이어지면 한 줄 빙고로 인정해, 더 많은 줄이 이어진 아이가 잘한 것으로 축하해 줍니다.

겨울방학, 어떻게 지냈니?

서울강일초 5학년 1반 (   )번 (   )

※ 방학 동안 다음 활동을 한 친구를 찾아보세요. 친구에게 직접 물어보고 "응"이라고 대답한 친구 이름만 적어보세요.

1. 방학 동안 학교에 한 번도 안나온 친구는?	2. 방학 동안 스케이트장에 다녀온 친구는?	3. 방학 동안 여행을 다녀온 친구는?	4. 방학 중에도 선생님을 보고 싶다는 생각을 한 적이 있는 친구는?
5. 방학때 우리반 친구를 만난 적이 있는 친구는?	6. 방학 동안 머리를 깎은 친구는?	7. 방학동안 방바닥에 넘어진 적이 있는 친구는?	8. 방학 동안 극장에서 영화를 본 적이 있는 친구는?
9. 방학동안 아파서 병원에 간 적이 있는 친구는?	10. 방학동안 병원에 간 적이 없는 친구는?	11. 방학에 시골에 놀러 간 적이 있는 친구는?	12. 방학동안 설거지를 도와 집안일을 한 적이 있는 친구는?
13. 방학 중에 부모님께 사랑한다고 말한 적이 있는 친구는?	14. 방학 중에 부모님을 한 번이라도 안아드린 적이 있는 친구는?	15. 방학에 운동을 배우러 다닌 친구는?	16. 중학교때 공부를 열심히 하기로 마음먹은 친구는?
17. 방학동안 눈사람을 만들어 본 친구는?	18. 방학동안 축제에 가 본 있는 친구는?	19. 방학동안 하늘의 별을 본 적 있는 친구는?	20. 방학 중에도 일찍 자고 일찍 일어난 친구는?
20. 1월1일에 일출을 본 친구는?	21. 방학 중에 중학교 공부를 미리 한 친구는?	22. 방학 동안 어른들의 심부름을 해본 적이 있는 친구는?	23. 방학 중에 선생님을 만난 적이 있는 친구는?

투명 끈으로 삼각형을 만들어라
정삼각형 만들기 게임

 '투명 끈으로 정삼각형 만들기' 게임은 관계의 복잡성에 대해 소개할 때 많이 활용되는 아이스브레이킹 게임입니다. 교실 안에서 아이들에게 각자 2명의 수호천사를 정하게 합니다. 그 2명의 수호천사와 정삼각형이 되도록 움직이는데, 이때 누가 수호천사인지 이야기하지 않고 움직이다 보면, 끊임없이 서로 움직이며 말없이 정삼각형을 만들어가는 과정 속에서 특별한 연결을 느끼게 됩니다.

 **책상과 의자를 모두 벽으로 밀어 둡니다.**

01 모인 아이들이 모두 동그랗게 모여 선다.

02 시작하기 전에 정삼각형은 어떤 도형인지 발문한다.
 "삼각형은 세 개의 점과 세 개의 선분으로 이루어진 다각형입니다."
 "각 변의 길이와 내각이 60도로 똑같은 삼각형입니다."

03 학생들에게 자신이 정삼각형의 꼭짓점이 되고, 남은 2명의 꼭짓점, 즉 나를 도와주는 수호천사 두 명을 지금부터 말없이 마음으로 정하라고 안내한다.

04 아이들이 모두 자신의 수호천사 2명을 정하면, 선생님의 "시작"신호와 함께 자신과 그 두 명, 즉 세 명이 모두 같은 거리에서 정삼각형의 위치에 서도록 움직인다.

05 말하지 않고 서로를 곁눈질하며 끊임없이 움직이고, 정삼각형의 위치가 되면 제자리에 선다.

06 만약 모두가 제자리에 서면, 투명 끈에 연결된 정삼각형이 완성된다.

07 정삼각형이 만들어지고 난 후에 각각 어떤 아이들을 수호천사로 삼았는지 발표한다. 친구들의 발표를 듣고 난 후에야 서로 함께 움직인 상황들을 이해하게 된다.

01 말하는 것도 허용되지 않습니다. 조용히 친구들의 움직임에 따라 움직이도록 합니다

02 선생님이 "움직이세요."라고 말하면, 학생들은 교실 안에서 그들이 원하는 곳 어디든지 이동할 수 있습니다. 따라서 되도록 열린 공간 환경에서 활동을 해야 합니다. 책상이나 의자는 벽으로 밀어두고 그 사이로 가지 않도록 합니다.

03 대화 없이 다른 두 사람을 골라야 합니다. 눈빛을 보내거나 서로 알려주지 않도록 약속하고 시작합니다.

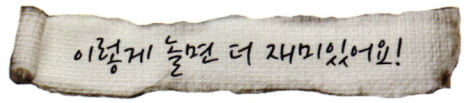

01 선생님은 시작할 때 휴대전화의 스톱워치를 눌러 얼마 정도의 시간이 흐르고 모두가 멈춰 섰는지 기록을 불러줍니다.

02 '투명 끈으로 정삼각형 만들기' 활동은 일련의 규칙이나 리더 없이 비교적 복잡한 작업을 해결할 때 인간이 어떻게 협력할 수 있는지 보여줍니다. 선생님은 활동을 하고 난 후, 다음과 같은 질문을 사용하여 토론을 진행합니다.

① 처음 시작할 때 얼마 정도의 시간이면 다 끝날 거라고 생각했나요?

② 한 사람이 우리 반 모두를 삼각형으로 만드는 책임을 맡게 되면 같은 작업이 얼마나 오래 걸릴까요?

③ '투명 끈 정삼각형 놀이'는 우리에게 무엇을 가르쳐 준다고 생각하나요?

④ 우리가 협력하는 방법을 결정하려 한다면, 어떤 규칙이 필요한가요?

03 모두 끝난 줄 알고 있을 때, 한두 명의 학생들을 데려가서 움직여 달라고 해 보세요. 나머지 아이들에게 아직 '정삼각형 만들기' 게임이 아직 진행 중이라고 말해 주세요. 겨우 두 사람이 움직였을 뿐인데, 갑자기 많은 아이들이 다시 움직이는 것을 보게 됩니다. 이것은 대규모 조직에서 종종 숨겨진 복잡성을 의미합니다. "여러분 한 명의 움직임이 어떻게 우리 반의 다른 친구들에게 영향을 미칠지를 생각해 보십시오." 이렇게 활동을 마칠 즈음에는 도종환 시인의 '담쟁이' 시를 읽어 주시면 좋습니다.

담쟁이

저것은 벽

어쩔 수 없는 벽이라고 우리가 느낄 때

그때

담쟁이는 말없이 그 벽을 오른다.

물 한 방울 없고 씨앗 한 톨 살아남을 수 없는

저것은 절망의 벽이라고 말할 때

담쟁이는 서두르지 않고 앞으로 나아간다.

> 한 뼘이라도 꼭 여럿이 함께 손을 잡고 올라간다.
>
> 푸르게 절망을 다 덮을 때까지
>
> 바로 그 절망을 잡고 놓지 않는다.
>
> 저것은 넘을 수 없는 벽이라고 고개를 떨어뜨리고 있을 때
>
> 담쟁이 잎 하나는 담쟁이 잎 수 천 개를 이끌고
>
> 결국 그 벽을 넘는다.

"우리 반이 함께 넘어야 할 벽에는 어떤 것이 있을까요?" 아이들의 한 마디 한 마디를 소중하게 경청하며 칠판에 적어줍니다.

"우리 반 모두가 투명끈으로 삼각형이 되듯 서로 연결되어 그 벽을 넘어갈 수 있었으면 좋겠습니다."라고 이야기나누며 활동을 마칩니다.

part 4. 협력하며 친구의 소중함을 느끼는 협력놀이

01   몰래 고개를 들어라 잠자는 코끼리 게임
02   앗 뜨거워! 뜨거운 용암이다 용암을 건너라 게임
03   우리 모두 애벌레가 되어 횡단하기 게임
04   두근두근 미션 임파서블! 레이저를 피해라 게임
05   아슬아슬 지뢰밭에서 실내화를 피해라 게임
06   복잡한 거리는 그만! 교통정리 게임
07   공을 원하는 구멍으로! 투게더 홀인 게임
08   주문대로 의자 위에 올라라 의자위 라인업 게임

몰래 고개를 들어라
잠자는 코끼리 게임!

'잠자는 코끼리 게임'은 4명 한 모둠일 때, 각각 자신에게 주어진 단서를 모아 서로 협력하여 단서가 주는 정답을 맞혀야 하는 협력놀이입니다. 예를 들어 1번에겐 '거북선', 2번에겐 '임진왜란', 3번에겐 '난중일기', 4번에겐 '영화 명량'이란 단서를 제시하고 서로 모여 상의를 하도록 합니다 잠시 후, 선생님의 "하나둘셋 신호에 맞추어 '이순신 장군'이란 정답을 적은 골든벨판을 들어 올리면 됩니다.

 준비물은 골든벨판과 마카, 마카 지우개가 있으면 됩니다.

01 모둠별로 번호를 1번부터 4번까지 정한다.

02 모두 고개를 숙인다.

03 "각 모둠의 1번 고개 드세요."라고 하면, 각 모둠의 1번 아이들이 고개를 든다. 이때 1번 아이들에게만 TV화면으로 단서가 되는 단어를 제시한다.
"우리는 있지만 너희는 없다."

04 1번은 고개를 숙이고, 모둠 번호 2번이 고개를 들어 TV화면의 제시어를 본다.
"국민은 있지만 나라는 없다."

05 2번이 제시어를 본 후에는 고개를 숙이고, 3번이 고개를 들어 제시어를 확인한다. "기업은 있지만 개인은 없다."

06 3번이 고개를 숙이면, 마지막으로 4번이 고개를 들어 제시어를 확인한다. "하나는 있지만 둘은 없다. 정답은 두 글자입니다. 무엇일까요?"

07 고개를 들고, 서로에게 주어진 단서를 비교하고 확인하여 정답을 유추한다. 그 정답을 골든벨판에 적는다.

08 교사가 정답을 발표하면, 맞힌 모둠만 골든벨판을 들어 흔든다.

01 처음 시작할 때 목소리의 크기를 지도해야 합니다.

"목소리의 크기는 우리 반 모두가 들을 정도의 '와글와글'과 다른 모둠의 소리가 들릴 정도의 '웅성웅성', 그리고 모둠만 들을 정도의 작은 소리 '소곤소곤'이 있습니다. 소곤소곤 이야기합시다."

02 1번 문제의 정답은 상의 후에 각 모둠의 1번이 적게 하고, 2번 문제는 각 모둠의 2번이, 3번은 모둠 번호 3번……. 순으로 차례대로 적도록 약속합니다.

03 모둠 인원이 4명이 안 되거나 4명을 넘을 경우, 미리 약속하여 한 번 더 고개를 들거나 같이 고개를 들도록 하면 됩니다.

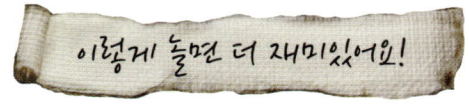

01 배움의 즐거움을 키워주기 위한 놀이입니다. 처음에는 조금만 고민하면 알 수 있도록 쉬운 문제를 제공하고, 글자 수나 초성 힌트 등을 제시하여 대부분의 아이들이 도전감을 가질 수 있도록 배려합니다.

우리는 있고 너희는 없다 국민은 있고 나라는 없다 기업은 있고 개인은 없다 하나는 있고 둘은 없다 [정답] 은행	남자는 있고 여자는 없다 아줌마는 있고 아저씨는 없다 방탄소년단은 있고 트와이스는 없다 파인애플은 있고 바나나는 없다 [정답] 글자의 '받침'
뻐꾸기는 있고 딱따구리는 없다 바늘은 있고 실은 없다 초는 있고 성냥은 없다 손목은 있고 발목은 없다 [정답] 시계	학은 있고 비둘기는 없다 벼는 있고 보리는 없다 이순신 장군은 있고 거북선은 없다 동그라미는 있고 네모는 없다 [정답] 동전
귀에는 있고 코에는 없다 아침엔 있고 새벽은 없다 고래는 있고 상어는 없다 스펀지는 있고 수세미는 없다 [정답] 밥	포도는 있고 사과는 없다 정의는 있고 불의는 없다 나라는 있고 국가는 없다 나귀는 있고 노새는 없다 [정답] 당

※ 더 많은 '있다 없다' 퀴즈는 '허쌤의 짬짬이 교실놀이' 20쪽~25쪽에 있습니다.

02 놀이의 규칙을 깨달은 아이들이 정답을 알고 난 후에는 직접 수업 시간에도 교과서에서 문제를 만들도록 합니다. 아이들이 직접 만든 문제를 복습할 때 활용하면 아이들의 집중도도 더욱 올라가고 재미있습니다.

1번 문제의 정답:	2번 문제의 정답:
1번 힌트:	1번 힌트:
2번 힌트:	2번 힌트:
3번 힌트:	3번 힌트:
4번 힌트:	4번 힌트:

앗 뜨거워! 뜨거운 용암이다
용암을 건너라 게임!

아이들은 모험을 좋아합니다. 저 멀리 정글 속에서, 그리고 화산 지대 용암 위에서 펼쳐지는 모험이라면 더더욱 흥분하고 몰입합니다. '용암을 건너라'(Lava lace)게임은 학생들이 서로 협력하여 용암 강(Lava river)을 가로 질러 건너가는 즐거운 놀이입니다.

 준비물은 원마커, 또는 사각형으로 잘라낸 하드보드지 등을 아이들 수 +1개 정도 준비합니다.

01 출발선과 도착선을 표시하고, 출발선 안쪽에 반 아이들 모두 순서를 정해 선다.

02 선생님이 아이들에게 주어진 상황을 실감나게 이야기한다.

> "여러분은 저 멀리 백두산으로 수학여행을 가게 되었습니다. 백두산은 한반도에서 제일 높은 산으로 높이는 2,744m의 휴화산입니다. 백두산은 한반도에서 가장 큰 규모의 폭발을 일으킨 화산입니다. 고려시대인 946~947년에 대규모 분화가 있었던 것으로 추정되며, 화산분출물의 양은 83~117㎦에 달하는 것으로 알려졌습니다. 그 이후 휴화산으로 활동을 멈추었습니다 그런데 즐거운 백두산 수학여행 중에 갑자기 화산이 분출되기 시작했습니다. 속히 화산에서 탈출해야 하는 위기의 상황, 안타깝게 여러분은 뜨거운 용암 지대에 갇히게 되었습니다. 그렇지만 다행히 여러분에겐 용암 위에서도 녹지않는 김박사님의 발명품 '매직보드'가 있습니다. 이 매직보드 판을 밟고 건너면 용암에 가라앉지 않고, 무사히 다음 판으로 건너갈 수 있습니다. 그렇지만 이 발명품은 여러분의 발에서 떨어지는 순간, 용암 속으로 가라앉아버리는 단점이 있습니다. 게다가 아직 시제품이라 10분이 지나면, 매직보드는 용암에 녹아버리게 되어 있습니다. 지금부터 서로 협력하여 용암을 건너길 바랍니다."

03 학생들에게 각각 1개의 매직보드 판을 나누어 준다. 게임이 시작되면, 첫 번째 아이에게 건네주도록 한다. 여분의 매직보드 판도 맨 앞사람에게 건넨다.

04 맨 앞 학생이 바닥에 매직보드 판을 던져놓고 밟는다. 첫 번째 매직보드 판은 던져놓아도 가라앉지 않는다.

05 다음 매직보드 판을 던진 후, 한 발을 내디딜 때, 두 번째 매직보드 판에 첫 번째 학생과 두 번째 학생 모두 발이 닿지 않으면 '매직보드 판은 가라앉았습니다.'라고 말하며 빼낸다.

06 한 번에 발을 뻗어 닿을 곳의 매직보드 판이 제거되어 다음 학생이 이어서 따라오기 어렵다면, 처음부터 다시 도전하도록 한다.

07 10분의 시간동안, 모든 학생들이 탈출에 성공하게 되면 큰 박수와 환호로 함께 서로 축하하도록 한다.

01 매직보드 판을 발로 밟은 후, 질질 끌어 자리를 이동하는 것은 허락하지 않습니다. 규칙을 미리 약속하지 않으면, 발로 조금씩 끌어당기는 행동을 하게 됩니다.

02 혹시 승부욕에 사로잡혀 서로를 원망할 수 있기 때문에 사전에 '게임'과 '활동'의 차이를 지도합니다. "게임은 이기기 위해 하는 것이고, 활동은 우리 반이 한 팀이라는 것을 깨닫도록 하는 것입니다. 혹시 친구가 실수를 하면 우리 어떻게 말해줘야 할까요?"

03 처음에는 '바닥에 가라앉는다.'는 규칙을 정하지 않고 연습합니다. 그러다 모두의 발이 떨어진 매직보드 판이 나올 때, "누구라도 매직보드 판에서 발이 떨어지면 전체 팀이 다시 게임을 시작해야 합니다."라는 규칙을 정함으로써 사회적 책임을 가르칩니다.

04 개인은 반드시 모든 매직보드 판을 밟아야 합니다. 간혹 큰 걸음으로 바닥의 매직보드 판을 가로지르려 하는 학생들이 있습니다. 이럴 경우에는 새로 시작하게 됨을 약속합니다.

이렇게 놀면 더 재미있어요!

01 첫 번째 게임할 때에는 10분의 시간 제한을 정하지 않고 연습게임 하듯 도전하게 합니다. 그런 후에 기록이 나오면, 그 기록에 도전하도록 하는 것이 좋습니다. 이런 '시간의 흐름에 따른 격려'를 통해 아이들은 '경쟁'보다 서로 '협력'하게 될 것입니다.

02 익숙해지면, 전체 팀을 두 팀으로 나누고, 서로 결승전에 도전하거나 정해진 시간과 경쟁하도록 합니다. 이때 좀 더 재미있게 게임에 도전하려면, 서로의

관심과 배려를 높이기 위해 모둠 아이들 중에서 몇 명은 안대로 눈을 가리게 합니다.

03 각자 2장의 매직보드 판을 나누어 주고, 혼자 두 개의 판을 밟고 이동하며 돌아와 릴레이 하는 경기로 변형해 보세요. 전혀 새로운 게임이 되어 즐겁게 참여하게 됩니다.

04 동그랗게 모인 대형에서 자기 매직보드 판을 바닥에 두고 그 위에 올라 섭니다. 출발점에 있던 학생부터 옆 친구의 매직보드 판으로 발을 옮겨 서며 자기의 매직보드 판을 들어올립니다. 시계 반대 방향으로 친구들의 매직보드 판을 밟고 옮겨 돌아 가장 끝까지 가면 바닥에 매직보드 판을 놓고 섭니다. 같은 요령으로 이렇게 릴레이하며 한 바퀴 돌때까지 기록을 재어 도전하면 됩니다.

우리 모두 애벌레가 되어
횡단하기 게임

 '애벌레가 되어 횡단하기' 게임은 팀이 함께 서로의 발을 묶고 애벌레처럼 연결되어 공동의 목표를 향해 함께 실천하도록 하는 재미있는 팀 빌딩 활동입니다. '애벌레' 모양처럼 서로 발을 묶고 줄지어 미션을 수행하는 과정에 리더십, 계획, 전략적 사고, 소통과 창조적 사고를 기를 수 있고, 서로 더욱 친해질 수 있는 협력놀이입니다.

 책상을 벽으로 밀고, 2인3각 교구나 서로의 발을 묶을 수 있는 끈, 바닥에 선을 그릴 마스킹테이프를 준비합니다.

01 먼저 마스킹테이프로 출발선과 도착선, 그리고 3개의 사각형을 표시한다. 사각형 사이의 거리는 30cm 이상이어야 한다. 마찬가지로 사각형은 출발선과 도착선 지점까지 30cm 이상 떨어져서는 안 된다.

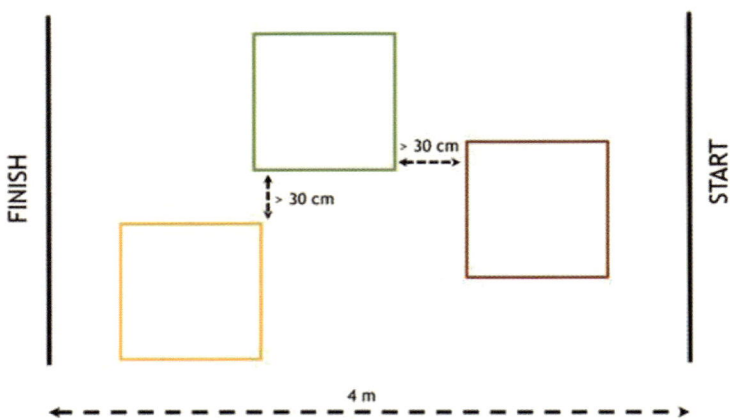

02 학생들은 모두 출발선 안에 한 줄로 서서 서로의 다리를 줄이나 테이프로 묶거나 2인3각 교구로 연결한다.

각 팀의 목표는 규칙을 준수하면서 한 줄 뒤로 시작하여 다른 한 줄의 다른 쪽에서 끝나는 것임을 설명한다.

03 선생님은 '애벌레가 되어 횡단하기' 게임에 대한 안내를 한다.

> "자, 이제 여러분은 애벌레가 되었습니다. 마스킹테이프로 3개의 삼각형을 만들어 애벌레가 지나갈 수 있는 길을 만들어 두었습니다. 애벌레들은 만들어진 영역 외에 다른 곳에는 발을 디딜 수 없습니다. 이제 장애물을 요리조리 잘 피해 다니면서 다함께 힘을 합쳐 모든 길을 한 번씩 지나야 합니다. 아무리 어색한 사이더라도 애벌레가 된다면 마법처럼 서로 팔짱을 끼거나 손을 잡으며 난관을 헤쳐 나가게 될 것입니다."

04 학생들은 발을 서로 연결하고, 출발선에 선다. 선샹님의 "출발" 신호와 함께 협력하여 넘어지지 않도록 조심하여 첫 번째 사각형에 발을 디딘다.

05 서두르지 않고, 서로 협력하여 차례차례 첫 사각형, 두 번째 사각형, 세 번째 사각형 안을 발로 밟고 지나간다.

06 도착선에 마지막 학생까지 모두 통과하면 게임이 끝난다.

01 등, 발목 또는 무릎이 아픈 학생이나 균형 잡는 것을 어려워하는 학생이 있다면, 처음에는 지켜보도록 합니다. 지켜보다가 참가하겠다고 할 경우에 들어갈 수 있도록 안내합니다.

02 첫 번째 학생은 운동이 안전하게 수행되도록 천천히 움직여야 합니다. 자칫 승부욕으로 서두르다가는 모두 넘어지며 다칠 수 있습니다. 따라서 경쟁보다는 서로 협력하여 교차하고 모두 성공할 때까지의 기록으로 겨루는 것이 좋습니다.

03 시끄러운 음악을 30초 동안 주기적으로 틀어 서로 대화하기 어려운 환경을 만들고, 이때 학생들이 어떻게 의견을 나누는지 지켜봅니다. 활동이 끝난

후에 그런 상황에서 어떤 감정이 들었는지, 그리고 어떻게 협력하여 문제를 해결했는지 이야기 나눕니다.

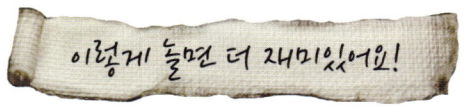

01 운동을 더욱 재미있게 만들어주는 이야기를 만들어 보세요. 예를 들어

> "여러분이 탄 배가 난파되었습니다. 이제 여러분은 처음 보는 무인도 정글 숲에 있습니다. 캄캄한 밤, 어디서 누가 나타날지 모르기 때문에 서로 붙어 협력하고, 위험한 지역을 가로 지르며 위험 지대에서 안전한 장소로 이동해야 합니다."

02 학생 수가 많다면 두 팀으로 나눠 길의 양쪽 끝에서 서로 다른 방향으로 교차하여 횡단하게 합니다. 조금 더 어렵지만 횡단을 마친 순간 느끼는 성취감은 배가 될 것입니다.

03 시간을 10분 안으로 제한하거나 사이에 사각형 수를 늘려 그리면, 활동이 더욱 어려워지고 그만큼 더욱 재미있습니다. 괜찮다면, 사각형 외에도 의자, 훌라후프, 책상 등을 사이에 놓아 보세요.

두근두근 미션 임파서블!
레이저를 피해라 게임

톰 크루즈의 '미션 임파서블' 영화를 보셨나요? '레이저를 피해라' 게임은 진짜 레이저를 피하는 것은 아니고, 아이들이 서로 연결한 줄을 피해 지나가야 하는 흥미진진한 게임, 미션 임파서블 O.S.T까지 배경음악으로 들으며 미션을 수행하다 보면, 진짜 스파이라도 된 것처럼 재미있는 짬짬이 교실놀이입니다.

 검은 고무줄이나 노란 고무줄(3미터 이상), 또는 크레이프 종이테이프, 줄넘기 줄

01 교실의 아이들을 두 팀으로 나누고, 두 팀의 대표들끼리 가위바위보를 하여 어느 팀이 먼저 미션을 통과할지 결정한다.

02 미션을 통과할 공격팀은 출발선 앞에 줄지어 선다.

03 수비팀은 둘씩 양쪽으로 마주 서서 고무줄을 창의적으로 잡도록 한다. 함께 위로, 또는 한 명은 위로, 한 명은 아래로 드는 등 다른 짝과 다른 방법으로 잡을 수 있게 한다.

04 공격팀은 한 명씩 나가 고무줄에 몸이 닿지 않도록 조심하며 통과한다. 이때 제한 시간이 있기 때문에 정해진 시간 안에 도착선까지 통과해야 한다.

05 정해진 시간 동안에 더 많이 통과한 팀이 승리한다.

01 저학년 교실에서는 하나의 줄을 아이들이 일정한 간격마다 잡고 있게 하여 서로 모두 연결한 상태에서 한 명씩 지나가게 합니다. 자기가 잡고 있는 줄

만 놓치지 않으면 되고, 놓쳤다고 해도 다시 잡으면 되기 때문에 쉽게 도전할 수 있습니다.

02 미션 임파서블 영화 O.S.T를 준비해 틀어주세요. 진짜 영화에 나오는 스파이라도 된 것처럼 실감나고 긴장되게 하여 더욱 놀이의 재미를 끌어 올립니다.

03 줄을 구하기 어렵다면, 체육관에 있는 줄넘기 줄간 가져와도 바로 즐길 수 있는 놀이입니다. 양옆에서 줄넘기 줄을 잡고 있으면 됩니다. 줄에 몸이 닿으면 스스로 닿았다고 인정하기로 약속합니다. 한 번은 아쉬우니 두 번씩은 기회를 주는 것이 좋습니다.

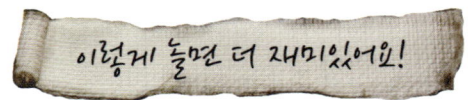

01 처음 시작할 때에는 크레이프 종이(CREPE PAPER) 테이프를 복도에 연결하여 붙이고 한명 한명 통과하는 미션을 주어 진행해 보세요.

간단히 책상과 책상, 의자와 의자에 연결하여 미리 길을 만들고 아이들이 피해 통과하도록 하면 됩니다.

복도가 아니라 교실에서 할 때에는 의자와 의자, 또는 책상과 책상 사이에 연결하면 됩니다.

미션 임파서블 스파이 게임을 끝마쳤을 때에는 종이테이프를 모두 찢어버리게 하세요. 마음껏 스트레스도 풀고 누가 가장 많은 종이테이프를 얻었는지를 가지고 순위를 매겨주면 보상이 없이도 엄청나게 흥분하며 즐거워합니다. 물론 뒷정리도 한꺼번에 끝납니다.

02 미션을 수행할 때 안대를 하게 하면 더욱 새롭고 흥미진진한 놀이가 됩니다. 수비팀은 출발선과 도착선 사이에 두 명씩 줄을 마주 잡고 섭니다. 이때 미션 공격팀은 수비팀의 아이들이 줄을 높이거나 낮추거나 가운데로 놓았을 때, 어떤 모습인지 기억해 둡니다. 선생님이 "출발"을 외치면, 안대를 하고 기억을 더듬어 도전합니다.

아슬아슬 지뢰밭에서
실내화를 피해라 게임

'실내화를 피해라' 게임은 교실에서 아이들 특별한 준비물이 없어도 쉽게 할 수 있습니다. 실내화를 교실 바닥에 던져두고, 안대를 한 아이가 친구들의 설명을 들으며 실내화 지뢰를 밟지 않고 목적지까지 가야 하는 협력놀이입니다.

 **책상을 벽으로 밀고, 안대와 실내화를 벗어 준비하면 됩니다.**

01 먼저 마스킹테이프로 출발선과 도착선을 표시한다.

02 대표로 뽑힌 학생은 출발선 앞에 서면된다.

03 두 팀의 선수가 가위바위보하여 이긴 팀 선수가 먼저 할지, 나중에 할지 결정한다. 이때 먼저 하기로 한 팀 대표 선수는 안대를 하고 출발선에 선다.

04 선생님의 "출발" 신호와 함께 조심조심 걸어 도착선까지 가야 한다. 이때 실내화를 밟으면 아웃되기 때문에 친구들이 외치는 말을 귀기울여 듣고 방향을 정해 걸어가야 한다.

05 만약 실내화를 밟으면 아웃되고, 상대 팀의 선수가 안대를 하고 출발한다.

06 도착선에 통과한 학생들 수만큼의 점수를 얻게 된다. 더 많이 도착한 팀이 승리한다.

01 안대를 하고 걷다 보면, 자꾸만 양심을 속이고 안대 아래쪽으로 내려다보며 걷는 아이들이 있습니다. 스스로 놀이의 3단계, '규칙'을 지키며 참여하자고 지도하도록 합니다. 아예 문제가 없도록 아래쪽으로 내려다볼 수 없는 '준호샘의 교실놀이 안대'를 준비하는 것도 좋습니다.

02 모든 아이들이 다 고함을 지르면 교실이 지나치게 시끄럽고 안대를 한 아이도 제대로 목소리를 들을 수 없게 됩니다. 미리 상의해서 약속한 물건(예: 배턴, 교실 마카)를 가진 아이만 말을 할 수 있도록 약속합니다. 한명 한명 돌아가며 모든 아이들이 설명에 참여하게 되어 더욱 협력할 수 있습니다.

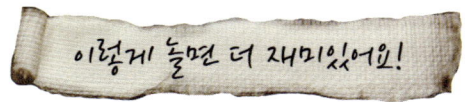

01 실내화 대신 종이컵을 준비해도 괜찮습니다. 종이컵을 거꾸로 놓고 피해가며 걸어가야 합니다. 밟을 때 파열음이 크기 때문에 더욱 재미있습니다.

02 안대 게임은 보이지 않는 상황에서도 서로에 대한 신뢰를 높이는 놀이입니다. 모둠별 한 줄로 섭니다. 이때 가장 뒤에 있는 아이만 안대를 하지 않고, 앞의 세 명은 모두 안대를 합니다. 뒤에 있는 학생의 안내에 따라 앞의 세 명은 조심조심 기차놀이하듯 앞으로 가서 반환점을 돌고 돌아와야 합니다.

03 중간에 아이템을 놓아두면 색다른 놀이가 됩니다. 예를 들어 '엽기닭' 장난감을 놓아두고, 안대를 하고 걸어가다 엽기닭 장난감을 밟으면 같은 편 학생이 실내화 5개를 치울 수 있게 합니다. 어떤 아이템은 밟으면 현재 실내화의 절반을 사라지게 할 수도 있게 해 보세요. 더욱 흥미진진해 집니다.

복잡한 거리는 그만!
교통정리 게임

아침 출근길에는 자동차들이 교통체증으로 길을 가지 못하는 상황을 많이 목격하게 됩니다. '교통정리 게임'은 학생들이 차가 되어 서로 마주 본 상황에서 협력하여 지혜롭게 한 장소에서 다른 장소로 전략적으로 이동하는 놀이입니다. 중간에 여러 번의 실패를 겪고, 그런 과정에서 서로 대화하며 문제를 풀었을 때의 즐거움을 몸으로 느끼게 해 줍니다.

 책상과 의자를 벽으로 밀어붙입니다. 원마커나 바닥에 둘 판(예: 훌라후프 등)이 있어야 합니다.

01 학생들은 원마커 위, 또는 훌라후프 안에 서 있어야 한다. 이때 한 가운데 여분의 원마커, 또는 훌라후프를 준비한다. 모든 학생들은 가운데에 있는 빈 원마커(또는 훌라후프)를 향해 서 있도록 한다.

02 한 번에 한 사람만 이동할 수 있다. 이때 학생들은 반드시 빈 원마커로만 이동할 수 있다.

03 학생들은 앞으로 나아갈 수 있다. 반대 방향으로 가는 사람은 건너 뛸 수 있지만 같은 방향으로 가는 사람은 건너 뛸 수 없다. 다른 사람을 건너 뛸 때에는 원마커에서 내려와 그 사람 옆을 걸어 빈 원마커를 밟을 수 있다.

04 그런데 아무도 이동할 수 없게 되면 게임은 끝난다. 처음부터 다시 도전해야 한다.

05 아무도 이동할 수 없게 되면 잠시 서로 상의할 시간을 준다.

06 다시 도전해서 모두가 반대쪽으로 이동하면 게임은 성공하여 마치게 된다.

01 더 이상 이동할 수 없어서 처음부터 다시 시작해야 할 때 앞 원마커에 있는 참가자를 마지막 원마커로 이동시켜 매회 새로운 자리에서 시작하도록 해주세요. 여러 사람의 입장에서 생각하게 될 것입니다.

02 처음에는 서로 상의하지 않고 그냥 도전하도록 합니다. 여러 번에 걸친 실패가 계속될 것입니다. 좌절감을 느끼기 시작하면 그때 서로 터놓고 이야기를 나누도록 합니다. 처음부터 상의하지 않고 뒤늦게 상의했을 때, 어떤 생각이 들었고 어떤 마음이 들었는지 이야기 나눕니다.

03 활동 초반에 아이들은 종종 이 활동은 불가능하다고 말하지만, 결국 그들은 해내게 되어 있습니다. 팀원들이 모두 만장일치로 결정할 때, 그들은 보통 실수를 거의 하지 않습니다. 프로세스에 중점을 두거나 문제에 집중하는 대신 상호작용하는 방법을 사용하면 일부 문제가 훨씬 빨리 해결됩니다.

> "불가능한 과제를 어떻게 성공할 수 있었다고 생각하나요?"
> "활동을 성공시키기 위해 어떤 노력을 기울였습니까?"
>
> 【의사소통을 키워주는 질문】
> "누구의 아이디어가 중요했습니까?" (모든 제안)
>
> 【팀워크를 키워주는 질문】
> "이 활동을 하기 위해 얼마나 많은 아이들이 노력했습니까?"

"누군가가 협력하지 않는다면 서로의 자리를 바꿔 설 수 있을까요?"
"모두가 다른 장소에 서 있거나 거기로 이동하는 과정에 서 있다는 것은 무엇을 말하는 걸까요?"

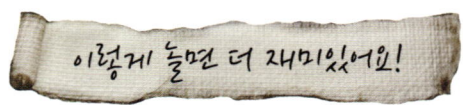

01 별팀과 네모팀이 있다고 할 때, 먼저 빈 공간으로 네모팀의 1번이 앞으로 이동합니다. 다음은 별팀의 1번이 건너뜁니다. 1번의 빈 자리에 별팀의 2번이 앞으로 이동합니다.

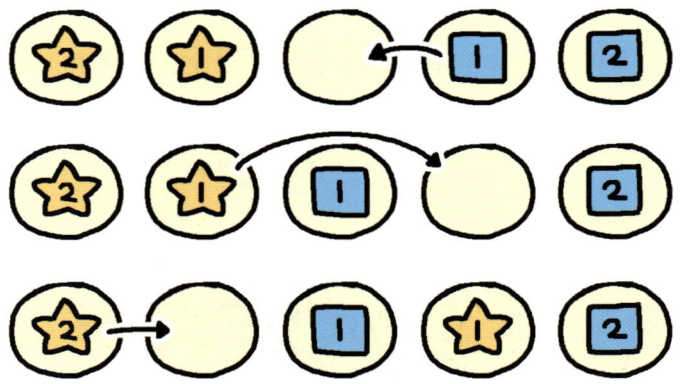

이제 별팀의 2번이 나가며 생긴 빈 자리에 네모팀의 1번이 건너뛰어 자리를 차지합니다. 연속해서 네모팀의 2번도 별팀 1번을 건너뛰어 가운데 자리로 이동합니다. 네모팀 2번이 나간 자리에는 별팀 1번이 자연스럽게 빈 자리로 들어가게 됩니다.

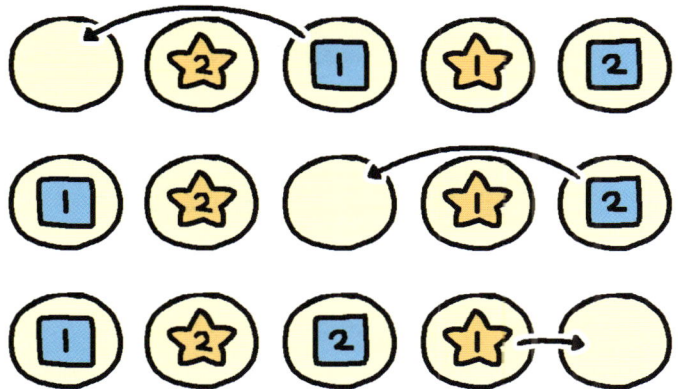

이제 마지막 차례! 별팀 1번이 나간 빈 자리에 별팀 2번이 건너뛰어 들어갑니다. 한마디로 첫번째만 한번 움직이고, 별팀 2번, 네모팀 2번씩 각각 움직이면 됩니다. 이제 마지막으로 네모팀 2번이 앞으로 이동하면 성공!

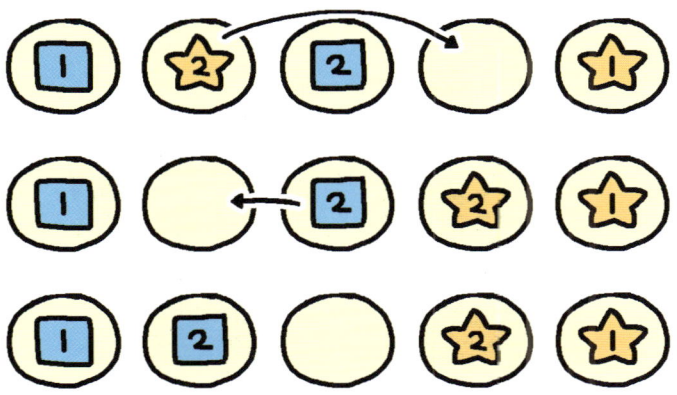

02 교실 아이들 수가 홀수일 경우에도 같은 규칙이 적용됩니다.

공을 원하는 구멍으로!
투게더 홀인 게임

'투게더 홀인 게임'은 게임을 통해 공동체 가치인 협동과 협력을 체험할 수 있도록 도와주는 팀빌딩 놀이로 5가지 색깔의 공을 같은 색깔의 구멍으로 떨어뜨려야 점수를 얻는 협력놀이입니다. 혼자가 아니라 여럿이 함께 힘을 모아 균형을 잡아 보는 활동을 통해 아이들은 더욱 서로를 신뢰하고 협력하게 될 것입니다.

 **구멍을 뚫은 헝겊, 여러 가지 색깔 공**

01 모둠 아이들이 천 바깥 테두리 부분을 양손으로 잡는다.

02 처음 1단계에는 3개의 색깔 공을 천 위에 올려 놓는다. 세 가지 색은 마음대로 고르면 된다.

03 시작하기 전에 '두 가지 규칙'을 자세히 안내한다.
　가장 중요한 규칙은 공의 색깔과 맞는 천의 구멍에 공을 하나씩만 넣어야 한다. 어떤 색깔의 공부터 넣는가는 상관없다.

04 공을 넣은 개수만큼 점수를 얻는다. 3개 넣기를 성공하면 5개의 공을 올려 5개의 공 넣기에 도전한다.

05 5개의 공을 각각 같은 색깔의 구멍에 넣으면, 각각 1점씩 점수를 얻는다. 정해진 시간 안에 모은 점수만큼 점수를 계산하고 놀이를 마친다.

01 특별히 정해진 인원은 없습니다. 모둠별로 모여 진행하면 됩니다. 천 둘레를 잡을 수 있는 인원이면 충분하고, 2명에서 12명까지 가능합니다.

02 만약 구멍에 다른 색깔의 공이 2개 이상 딸려 들어가면, 2개의 공을 모두 다시 넣고 시작할 수도 있습니다. 저학년이나 중학년에서는 아이들 수준에 맞게 정해진 시간 동안은 다시 시작할 수 있도록 약속하면 좋습니다.

03 어느 정도 진행되면, 같이 모여서 어떻게 하면 더 좋은 결과를 얻을 수 있을지 연습하는 동안 얻었던 지혜를 서로 나누는 시간을 가집니다. 기능보다 이렇게 생각을 나누는 시간을 통해 아이들은 더욱 발전할 것입니다.

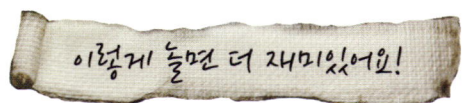
이렇게 늘면 더 재미있어요!

01 서두르지 않고, 천천히 공을 한 줄로 모으고 공의 색깔과 가장 가까운 구멍으로 협력하며 몰아가야 합니다. 한 모둠씩 연습 경기를 가지고, 실제 시합을 벌이면 긴장감은 두 배로 올라갑니다.

02 가격은 비싸지만, 오래오래 사용하려면 전문 교구 사이트에서 이미 만들어진 '투게더 홀인' 팀빌딩 교구를 구입하는 것도 괜찮습니다. 교구를 구입하기에는 예산이 없을 경우에는 간단히 천을 준비해 구멍을 뚫으면 됩니다. 이럴 경우에는 공의 크기에 따라 탁구공, 테니스공, 티볼공, 배구공 등이 통과할 수 있는 크기의 구멍을 각각 다르게 만들면 됩니다.

주문대로 의자 위에 올라라

의자위 라인업 게임

　〈허쌤의 짬짬이 교실놀이〉에서 '라인업 게임'을 소개해 드렸습니다. '라인업 게임'은 교사가 주문하는 순서대로 동그랗게 모이되 서로 말을 하면 안 됩니다. 여기에 서로간에 협력할 수 있도록 의자 위로 올라가는 세팅을 더했습니다. '의자위 라인업' 게임은 의자 위에서 서로 자리를 바꿔야 하는 미션까지 더해져서 한결 어려워졌지만, 그만큼 재미는 더해진 협력놀이입니다.

 **책상은 벽으로 밀고 의자만 분단 별로 놓습니다.**

01 먼저 아이들을 분단 별로 나누고, 팀별로 의자 위에 올라가 선다.

02 선생님이 "생일 순으로 서세요."라고 말하면, 칠판 쪽 교실 앞에서부터 교실 뒤쪽으로 의자 위에 서야 한다.

03 선생님은 놀이를 시작하기 전에 두 가지 규칙을 안내한다.

① 침묵을 지켜야 한다. 서로 생일이 언제냐고 물어보면 쉽지만, 서로 말하면 안 된다. 그럼 어떻게 아냐고 웅성웅성댈 때에 방법을 알려주지 않고 "스스로 생각해 보세요."라고만 일러준다.

② 의자 위에서 떨어지면 탈락한다. 의자에서 떨어지지 않고 서로의 자리를 바꾸려면 어떻게 해야 할지 생각하도록 한다.

04 모두 서로의 자리를 바꿨다고 생각하면 내려와 의자에 앉는다. 이때 선생님은 그때까지의 시간을 휴대전화 스톱워치로 재서 발표한다. "1분 40초 걸렸습니다."

05 이제 한 사람 한 사람 차례대로 자신의 생일을 발표한다. 이때 정해진 순서가 아니라 엉뚱한 곳에 서 있는 아이가 있다면, 원래 자리로 이동하도록 한다. 그리고 우리 반의 기록을 +10초 늘린다. 1분 40초였다면, 1분 50초가 우리 반의 기록이 된다.

06 두 번째로 진행할 때에는 이전 기록과 겨루겠다고 하며 새로운 주제를 부른다. 이때 가능하면 이전 주제보다 쉬운 주제를 부르는 것이 좋다. 예를 들면, "우리 반 번호 순으로 서겠습니다. 준비되었나요? 시작!"

알아두기!!!

01 의자에서 떨어진 아이, 그리고 놀이하는 중에 말을 한 아이들은 뒤로 나가 놀이에 참여하지 않고 구경하도록 약속합니다. 놀이의 생명은 '규칙'이기 때문입니다.

02 모두 의자에 앉았을 때, 꼭 "규칙을 이해하지 못해 엉뚱한 곳에 서있던 친구가 있을 때 어떻게 말해 주어야 할까요?"라고 이야기합니다.

아이들은 "괜찮아.", "일부러 그런 게 아니잖아.", "다음에 잘하면 돼! 파이팅"이라고 격려해 주겠다고 이야기합니다. 그리고 실제로 잘못 서 있을 때, 미리 이야기 나눈대로 친구를 격려하게 됩니다. 실패한 아이들에 대한 선생님의 반응이 우리 반의 공동체 문화를 만들어 냅니다.

03 놀이를 시작하기 전에 "어떻게 하면 의자에서 떨어지지 않을 수 있을까요?"라고 발문하고, 아이들의 대답을 칠판에 적어 줍니다.

> "서로 잡아줘야 해요."
> "친구가 지나갈 때 도와줍니다."
> "허락하면 힘이 센 아이가 들어주면 좋겠어요."

아이들의 발표를 칠판에 적어주고 확인해 주면, 놀이하면서도 아이들이 수시로 보며 노력하게 됩니다.

이렇게 놀면 더 재미있어요!

01 혹시 규칙을 잘 이해하지 못해 어려워하는 아이들이 있을 수 있으므로 첫 게임은 서로 말하고 이동하도록 합니다. 예를 들어 "우리 가족은 모두 몇 명인가요? 가족 수대로 서 주세요. 숫자가 같으면 앞뒤 상관없이 서면 됩니다."라고 하고, 서로 가족의 숫자를 이야기하며 이동하도록 합니다.

02 아이들 수가 남는 경우에는 '교실 놀이 도우미'로 뽑아 줍니다. 놀이 도우미는 각 줄에서 혹시 말을 했는지, 의자에서 떨어졌는지 확인해 줍니다. 도우미가 더 있다면, 컴퓨터의 스톱워치로 모두 앉을 때까지의 기록을 모두에게 보여 줍니다.

03 놀이는 분단 별 경쟁보다 우리 반 모두가 서기까지의 시간 기록으로 경쟁하는 것이 좋습니다. 분단 별로 기록을 재고, 어느 분단이라도 우리 반 최고의 기록을 재면 모두가 기뻐할 수 있도록 분위기를 조성합니다. 그러기 위해서는 어려운 주제부터 쉬운 주제 순으로 서는 것이 좋습니다. 그리고 '시간의 흐름에 따른 격려'로 "지난번에는 2분 30초가 걸렸는데, 이번에 함께 노력하더니 1분 55초로 시간이 단축되었습니다. 우리 반이 점점 서로를 돕고 배려하는 반이 되어가는 것 같아 기쁩니다."라고 이야기하여 반 아이들의 소속감을 길러 줍니다.

04 꼭 정해진 것이 아니라 재보는 것, 주관적인 것까지 주제를 확대하면 재미있습니다.

예를 들어 머리카락 길이대로 서기, 손 길이대로 서기, 신발 크기대로 서기 등으로 주제어를 확장시키다가 "학교에 오는 게 즐거운 사람부터 차례대로 서 보세요.", "자신이 가장 행복하다고 생각하는 사람부터 차례대로 서 보세요." 등 아이들의 마음속으로 들어가는 질문까지 물어보면 자연스럽게 수업 내용으로도 연결될 수 있습니다.

허쌤의 교실놀이 팁 — 아이들이 제안한 놀이를 아이 이름을 붙여 함께 해 보기

놀이의 6단계는 '창조'입니다. 아이들이 직접 놀이의 규칙을 바꾸어 보거나 놀이를 만들어 낼 때 교실놀이는 진짜 생명력을 가지게 됩니다. 아울러 선생님이 안 계셔도 아이들끼리 그렇게 만들어낸 놀이를 함께 할 때 '진짜 놀이'를 하게 되는 것입니다.

그래서 아이들과 놀이를 하고 난 후에는 잠시라도 시간을 내어 '좋아바'로 놀이회의를 해주시길 부탁드립니다.

"놀이를 하며 좋았던 점은 무엇인가요?"

"놀이를 하며 아쉬웠던 점은 무엇인가요?"

"놀이를 다시 한다면, 어떻게 바꾸고 싶은지 이야기해 볼까요?"

그리고 아이들이 바꾸고 싶다고 제안한 놀이를 아이의 이름을 붙여 다음 시간에 직접 해 보기를 권합니다. 예를 들어 '화석술래' 놀이를 했는데, 아이들이 술래가 아닌데 술래인 척 했더니 영진이는 "선생님, 화석이 된 술래는 자리에 앉아서 좌우로 손을 움직이게 하면 좋겠어요."라고 제안했습니다. 그리고 영진이의 의견대로 술래가 된 아이는 자리에 앉아서 좌우로 손을 움직여 지나가는 아이들을 터치하게 하였더니, 가짜로 술래인 척 하는 아이들이 사라졌습니다. 그때부터 우리 반 '화석술래' 게임은 '영진 버전 화석술래'가 되었습니다.

part 5. 동그랗게 모여 흥겨운 서클놀이

01   오직 한길만 가자 개미술래 게임
02   소속감을 길러라 협동의자 만들기
03   친구들과 비겨 한 팀이 되자! 텔레파시 가위바위보 게임
04   성취감과 협력하는 태도를 키워주는 협력 저글링 활동
05   으스스 무시무시한 유령열차 게임
06   우리 반 마음이 딱딱 맞는 박수갈채 게임
07   서로서로 발끝에 걸어 실내화를 옮겨라!
08   서로의 팔을 모아 팔등으로 공 전달하기 게임

오직 한길만 가자
개미술래 게임

개미는 벌목 개미과에 속하는 곤충, 일반적으로 근면, 성실의 대표적인 생물로 알려져 있습니다. 사회성을 가지며 생식 계급인 여왕개미와 수개미, 불임 노동 계급인 일개미(종에 따라 병정개미도 포함)로 나누어져 있습니다. 개미는 혼자서

운반할 수 없을 정도로 많은 먹이를 발견하면 나를 수 있는 최대한의 먹이를 입에 물고 배의 끝부분을 땅에 끌며 이른바 냄새길(chemical trail 또는 odor trail)을 그립니다. 그렇게 돌아오는 길목에서나, 아니면 집에 돌아와서 다른 일개미들을 만나면 우선 자기가 가져온 먹이를 시식할 수 있게 해줍니다. 먹이의 맛을 보고 자극을 받은 다른 일개미들은 곧바로 냄새길을 따라 먹이가 있는 곳으로 향합니다. '개미술래 게임'은 이 냄새길을 향한 개미의 습성을 놀이로 바꾼 놀이로, 개미가 구멍에 들어가지 못하도록 학급의 학생들이 단합해서 개미의 구멍을 막는 활동입니다. 학급 친구들이 하나 되는 '학급 세우기'가 목적입니다.

 **책상을 벽으로 밀고, 의자만 가져와 동그랗게 앉습니다. 이때 빈 의자를 하나 준비합니다.**

01 먼저 선생님이 개미술래가 되어 게임의 규칙을 소거한다.
"개미는 냄새길을 따라 먹이가 있는 곳으로 향하는 습성이 있습니다. 선생님은 개미입니다. 이제부터 빈 의자만 보면 구멍이라고 생각하고 무조건 빈 의자를 향해 한눈팔지 않고 돌진하겠습니다. 여러분은 지금부터 한 팀이 되어 개미가 빈 의자에 앉지 못하도록 막기 바랍니다."

02 술래는 빈 의자와 가장 먼 곳으로 이동하고, 휴대전화의 스톱워치를 준비한다.

03 술래는 "시작"이란 말과 함께 스톱워치를 작동하고, 빈 의자를 향해 걸어간다. 이때 절대 뛰지 않도록 한다.

04 학생들은 빈 의자를 향해 달려가 개미술래가 빈 의자에 앉기 전에 자리에 앉는다. 이때 빈 의자를 향해 가던 개미술래는 새로 발견한 빈 의자를 향해 다시 걷기 시작한다.

05 학생들이 이동할 때 규칙은 단 하나! 빈 의자의 양쪽에 있는 학생은 이동할 수 없다.

06 처음 시작할 때는 5초에 도전하고, 조금 익숙해지면 10초에 도전하는 식으로 조금씩 목표를 높여 도전한다.

01 술래를 밀치거나 술래의 진로를 방해하는 행동은 하지 않도록 약속합니다. 따로 안내하지 않으면 급한 마음에 술래가 빈 의자에 앉지 못하도록 밀치거나 잡아당기기까지 합니다. 술래의 몸에 손을 대면 기록의 도전이 끝난다는 것을 미리 안내합니다.

02 조금 익숙해지면, 술래가 이동하는 속도를 조금씩 늘리겠다고 예고하고 1.2배, 1.3배 등으로 점점 속도를 빨리 합니다. 그만큼 빈 의자를 뺏기지 않으려고 아이들도 서두르며 놀이도 더욱 열광적인 분위기가 됩니다.

03 기록의 진전이 별로 보이지 않을 경우에는 잠시 술래는 원 밖으로 나가고, 학생들끼리 서로 기록을 높이려면 어떻게 해야 할지 토의할 시간을 줍니다. 이때 순서를 정해서 차례대로 이동하는 방법은 사용하지 않도록 미리 안내합니다.

실제로 가장 좋은 방법은 술래의 뒤쪽에 있는 학생이 조용히 술래를 따라와 술래가 자리에 앉기 전에 재빨리 빈 의자에 앉으면 됩니다. 선생님이 안내하지 않고 학생들이 스스로 협력하여 집단지성을 통해 나름의 방법을 찾아갈 수 있도록 기다려 주세요!

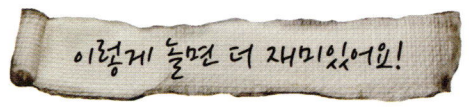

이렇게 놀면 더 재미있어요!

01 익숙해지면, 술래가 이동하는 방법을 바꾸어 놀이합니다. 깽깽이 다리로 빈 의자를 향해 달려가도록 속도감을 높이면, 더욱 재미있습니다.

02 빈 의자의 개수를 늘리면 더욱 놀이의 흐름이 빨라집니다. 두 개로 늘려 보세요. 개미술래가 빈 의자 2개 중 어느 쪽으로 갈지 모르기 때문에 더 많은 아이들의 움직임을 이끌어낼 수 있습니다.

소속감을 길러라
협동의자 만들기

'우리 반 협동의자 만들기' 활동은 놀이라기보다 우리 반의 소속감을 길러줄 수 있는 특별한 협력 활동입니다. 반 모두가 의자 위에 누운 후에, 의자를 빼어 정해진 시간동안 버티면 됩니다. '공동의 목표'를 세우고 함께 도전하는 활동이라 협력하며 그 목표를 이루고 난 후 성취감이 대단한 미션이 될 것입니다.

 책상을 벽으로 밀고, 각자 자신의 의자를 가지고 교실 가운데로 모입니다.

01 교실 가운데를 중심으로 동그랗게 의자를 배치하되 의자 등받이가 바깥쪽을 향하도록 한다.

02 시계 방향으로 앉는다.

03 선생님의 "시작" 신호와 함께 시계 반대 방향으로 눕는다. 이때 뒤쪽에 앉은 아이의 다리 위로 누워 혹시 의자를 빼더라도 쓰러지지 않도록 한다.

04 선생님은 의자를 하나씩 차례대로 뺀다. 의자를 하나 뺄 때마다 "하나", "둘"…의자의 개수를 모두 함께 외친다.

05 의자를 모두 밖으로 뺐다면, 10초 동안 무너지지 않고 지탱하고 있어야 한다. 만약 10초 동안 무너지지 않고 지탱하고 있으면 도전은 성공한다.

01 고학년으로 올라가면, 남자나 여자가 서로의 무릎 위에 눕는다는 것을 꺼림칙하게 생각하는 경우도 있습니다. 아예 남자는 남자끼리 동그랗게 도전하고, 여자는 따로 여자들끼리 동그랗게 도전하도록 합니다. 그런 후에 모두가 원한다면 남자와 여자 사이에 있을 아이들만 원하는 아이를 지원받아 도전합니다.

02 과학 시간, 힘의 균형과 관련해 원리를 지도하고 시작하면 좋습니다.

뉴턴의 제 3 법칙에 따라 의자를 밀어 올리면 무게가 내려가기 때문에 균형이 잡혀 있습니다. 학생들이 서로의 무릎 위로 누워있을 때, 그들의 체중은 발, 의자 및 그 뒤에 있는 아이의 무릎에 가해지는 힘에 의해 정확하게 균형을 이룹니다. 체중을 의자에서 학생 뒤쪽으로 옮김으로써 학생들은 자신의 발과 발 뒤쪽 아이들의 다리를 지지합니다. 일단 균형이 이루어지면, 의자는 더 이상 학생들을 지지하지 않아 빼내도 됩니다. '상호 신뢰', 성공하려면 각 학생은 뒤에 있는 학생을 지원하고 보호해야 합니다. 각 학생은 자신의 뒤에 있는 학생이 실패하면 다시 바닥에 떨어질 것임을 알고 있습니다. 누군가가 앉아 있거나 서클에서 빠져 나오려고 하면 우리 반의 평형이 파괴되고 모두가 무너집니다. 함께 만든 서클은 100% 서로에 대한 신뢰에 달려 있습니다. 물리학을 넘어 서클은 우리 반 모두가 서로를 믿는 자신감에 기반을 두고 있습니다.

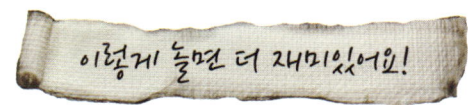

01 처음 시작할 때에는 모둠 네 명씩 함께 모여 도전합니다. 모둠별로 네 명씩 모여 성공한 후에 도전하면, 더욱 자신감을 얻어 쉽게 성공할 수 있습니다.

02 모둠별로 4명이 협동의자 만들기에 성공했다면, 5~10명이 한 줄로 앉은 후, 한사람씩 뒤로 누워 한 줄 협동의자 만들기에 도전합니다.

친구들과 비겨 한 팀이 되자!
텔레파시 가위바위보 게임

'비겼다 텔레파시 가위바위보' 게임은 서로 텔레파시가 통해서 똑같은 것을 내야 하는 놀이입니다. 처음에는 둘씩 가위바위보를 하고, 다음에는 넷씩 모여서 가위바위보, 그리고 마지막에는 우리 반 모두가 모여 가위바위보를 하는 과정을 통해 서로 공감 능력을 키울 수 있는 협력놀이입니다.

 **놀이방법** 책상과 의자를 벽으로 밀어 붙입니다.

01 먼저 즐거운 음악이 흐르는 교실에서 선생님이 "둘씩 모이세요."라고 외치면 둘씩 만나 서로 가위바위보를 한다.

02 서로 가위바위보를 해서 두 사람이 서로 다른 모양을 내면, 다시 "가위바위보"라고 외치며 재도전한다. 만약 두 사람이 모두 똑같은 모양을 내면 성공한다.

03 선생님이 따로 말씀하지 않으셔도 텔레파시 가위바위보를 성공한 두 명은 함께 모여 다른 두 명을 찾아간다.

04 네 명씩 모이면, 함께 "가위바위보"를 외친다. 이때 네 명 모두 똑같은 것을 낼 때까지 가위바위보를 계속 하고, 모두 똑같은 것을 내면 같은 요령으로 다른 4명을 찾아간다.

05 마지막에는 우리 반 모두가 함께 동그랗게 모여 가위바위보에 도전한다. 모두가 가위바위보를 해서 똑같은 것을 낼 때까지 계속된다.

06 모두 똑같은 것을 내면 그때까지의 시간을 발표하고 게임을 마친다.

01 처음 시작할 때부터 둘씩 짝이 되도록 숫자를 맞추어 시작합니다. 만약 짝이 모자랄 경우에는 선생님도 함께 들어가 가위바위보를 해 주세요!

02 서로 눈짓이나 표정을 통해 암묵적으로 어떤 것을 내자고 강요하지 않도록 사전에 약속해야 합니다. 눈빛 사인이나 고개를 젓는 등 자신의 것과 같은 가위바위보를 내도록 친구들을 강요하고 있지 않은지 조심하자고 안내합니다.

03 성공한 후에는 디브리핑(Debriefing) 시간을 가집니다.
디브리핑 시간을 통해 놀이를 하며 느꼈던 생각이나 감정을 나누고 상대의 말에 디브리핑해 주는 것은 일종의 경청과 섬김의 행위입니다. 디브리핑은 '내가 당신의 말을 경청했고, 제대로 이해했음을 알려 주어서 상대방이 존중받았다는 느낌을 주는 것'입니다.
디브리핑 하기 좋은 질문 중 하나가 "이 게임에서 성공하기 위해 내고 싶지 않은 것을 낸 적이 있나요?", "공동체를 위해 자신의 의견을 포기할 때 어떤 감정이나 생각이 들었나요?"입니다. 다수결이 어떤 위험성을 가지는지 생각해볼 시간이 될 것입니다.

> 이렇게 놀면 더 재미있어요!

01 처음에는 선생님 대 반 아이들 모두가 텔레파시 가위바위보 게임을 하며 시작하는 것이 좋습니다. 선생님이 "텔레파시 가위바위보"라고 외치면, 모두 함께 가위바위보 중에서 하나를 정해 손을 들어 올립니다. 이때 선생님과 같은 것을 낸 아이들만 일어납니다. 이제 다시 선생님과 텔레파시 가위바위보 게임을 하고, 두 번째 부터는 선생님과 똑같은 것을 낸 아이들은 계속 서 있고, 다른 것을 낸 아이들은 자리에 앉아야 합니다.
좀 더 재미있게 진행하려면, 마지막에 남은 한 명이 선생님과 가위바위보를 하여 아이가 이기면 반 아이들 모두가 부활하고, 선생님을 이긴 아이 대 전체 아이들이 텔레파시 가위바위보 게임을 이어 진행합니다.

02 처음 시작할 때부터 휴대전화의 '스톱워치' 기능으로 기록을 잽니다. 반 아이들 모두가 모여 성공할 때까지의 기록을 재고 칠판에 적어 우리 반의 도전 목표로 삼습니다.

성취감과 협력하는 태도를 키워주는
협력 저글링 활동

교실 안에서는 여러 가지 문제가 발생합니다. 그 문제를 상징하는 여러 종류의 색깔 공을 이용해 풀어가는 저글링 활동입니다. 순서를 정해 공을 던지고 익숙해지면 공의 개수를 차례대로 늘려 정신없고 답답한 상황들을 경험하게 합니다. 그런 과정 중에 어떻게 그 문제들을 해결해 문제없이 저글링 활동을 마치게 되었는지 성취감과 협력을 경험하게 하는 좋은 활동입니다.

 책상과 의자를 벽으로 밀어 붙입니다. 빨간색 공과 노란색 공, 파란색 공을 준비하고 모두 동그랗게 원을 만들어 섭니다.

01 동그랗게 둘러서고, 모두 한 손을 들게 한다.

02 한 가지 규칙을 설명한다.
규칙 '이 공을 떨어뜨리지 않고 모든 아이들을 거쳐서 처음 공을 준 사람이 마지막에 받는다. 단, 옆 사람에게는 전달할 수 없다'

03 먼저 선생님부터 가지고 있는 파란색 공을 건넨다. 이때 공을 받은 아이는 손을 내린다.

04 차례대로 손을 든 아이에게 공을 건네고, 공을 받은 아이는 손을 내린다. 이렇게 마지막 아이까지 손을 내리면 저글링 1단계는 성공이다.

05 1단계가 성공하면, 좀 더 빠른 속도로 다시 한 번 저글링을 하여 연습한다. 이번에는 손을 들지않고 진행한다.

06 어느 정도 익숙해지면, 3단계 노란색 공을 하나 더 추가한다. 파란색 공을 첫 번째 받는 사람에게 던지고, 5초 뒤에 노란색 공을 추가해 첫 번째 받는 학생에게 던진다. 2개의 공이 오가기 때문에 좀 더 어려워진다.

07 마지막으로 빨간색 공까지 추가한다. 처음에 파란색 공을 주고 5초 후 노란색 공, 5초 뒤 빨간색 공을 건네는 데 빨간색 공은 순서를 거꾸로 한다. 즉 파란색 공과 노란색 공을 내게 건넸던 사람에게 역으로 전달해야 한다.

08 떨어뜨리지 않고 3개의 공을 모두 선생님에게 돌아오게 하면 저글링은 성공한다.

01 우왕좌왕하며 공을 떨어뜨리고 실패하며 서로에게 원망을 하거나 작은 투덜거림이 나오면, 아이들끼리 모여 의사소통할 시간을 주어 문제를 스스로 해결하도록 합니다. 선생님은 잠시 나가고, 아이들끼리 자리에 앉아 이야기할 시간을 가집니다.

02 공을 받고 던진 사람은 앉기, 일정한 패턴을 이용해서 던지기, 하나의 공이 끝난 후 다음 공을 던지기 등 아이들이 스스로 방법을 찾아내어 미션을 해결하도록 지켜봐 주며 격려해 줍니다.

03 아이들이 적절하게 어려워할 정도의 점프 미션이 필요합니다. 저글링 활동을 지켜보다가 '양옆 사람에게는 전해줄 수 없다.' 등의 규칙을 추가하여 집단에 따라 난이도를 조절해 줄 필요가 있습니다.

04 마무리하며 디브리핑 시간을 통해 왜 이런 활동을 하였는지 스스로 생각해 보도록 합니다.
"앞으로 올해 우리 반에서는 많은 문제들이 발생할 것이며, 우리가 저글링에서 해법을 찾았던 것처럼 이야기하고 소통하면 우리의 문제를 해결할 수 있을 것입니다."라고 마지막 마무리를 하며 마칩니다.

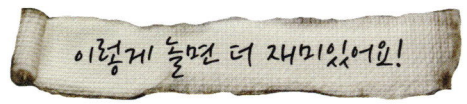

01 학기 초에 한다면, 이름을 부르며 던지게 합니다. 저글링 게임도 재미있게 즐기고 이름도 외울 수 있어서 일석이조입니다.

02 3개의 공으로 저글링 하는 활동도 성공한다면, 교실 마스코트 인형을 준비하여 4단계에 도전합니다. 마스코트 인형은 공을 던지는 저글링 활동 중에 시계 방향으로 옆 사람에게 돌려야 합니다.

03 살아가면서 아이들은 많은 갈등을 겪게 됩니다. 평소에는 이런 문제에도 갈등없이 친구들과 지내던 아이들도 복합적으로 다양한 문제들이 끼어들어오면, 자기 감정을 드러내며 모두와 다툼을 일으킬 수 있습니다. 아이들에게 꼭 되묻습니다.

"우리 생활 속에서 빨간색 공, 파란색 공, 노란색 공처럼 정신없이 들이닥치는 일에는 무엇이 있을까요? 이렇게 여러 가지 문제들이 한꺼번에 쏟아질 때 여러분은 어떤 우선순위로 문제를 해결하나요?"

 오래 전에 한 대기업의 신입사원 오리엔테이션 방송을 본 적이 있습니다. 하루의 일과가 끝났다고 생각할 무렵, 갑자기 정신 못차릴 미션들을 몇 가지 신입사원들에게 제시합니다. 신입사원들은 갈등이 극에 달해 서로 원망하고 다투며 어찌할 줄 모를 때, 리포터가 오리엔테이션을 진행하던 분께 여쭤

봅니다. "이렇게 갑자기 문제를 던져주었을 때, 해결하는 사람이 누군가를 보려고 하는 미션이군요?" 그러자 인사 담당자가 대답했습니다.

"그건 전혀 중요하지 않습니다. 실제 회사에서 일할 때 우리는 여러 가지 업무로 한꺼번에 마음이 바쁠 때가 있습니다. 이때 누가 서로를 원망하기보다 당황하지 않고 차근차근 하나씩 문제를 해결하려고 하는지 지켜보려는 미션입니다."

학급의 아이들에게 쏟아지는 여러 가지 문제들, 그 여러 가지 공들 속에서 감정적으로 행동하지 않고 하나씩 하나씩 해결하려는 태도, 교실에서 꼭 길러주어야 할 가치가 아닐까요? 아이들에게 늘 '나작지 운동'을 지도합니다. '나부터! 작은 일부터! 지금부터' 여기에서 문제의 해결은 시작됩니다.

으스스 무시무시한
유령열차 게임

'유령열차' 게임은 비오는 날, 형광등 불도 끄고 창문과 커튼까지 친 후에 음산한 분위기의 음악과 함께 하는 공포스러운 놀이입니다. 유령열차 기관사가 우리 교실에 찾아와 동그랗게 모여 고개를 숙인 반 아이들을 하나씩 데려가 유령으로 만들려고 합니다. 마지막 한 명이 남았을 때, 그 아이가 제때 눈을 뜨면 유령이 되기 전에 모두를 구할 수 있는 납량특집 공포 게임, 아이들이 엄청나게 긴장하며 좋아하는 연극놀이입니다.

 책상과 의자를 벽으로 밀고 모두 동그랗게 원으로 모여 앉습니다. 그리고 등 뒤로 사람들이 다닐 수 있는 통로를 확보해 주어야 합니다.

01 아이들이 다 앉으면 창문을 닫고, 커텐을 치고 형광등 불을 꺼 분위기를 으스스하게 만든다. 그리고 모두 눈을 감게 하고 이야기를 해 준다.

"유령열차의 기관사가 우리 반에 찾아왔습니다. (기차소리) 기관사는 여러분을 유령열차에 태워 데려가기 위해 왔습니다. 비오고 캄캄한 저녁, 유령열차의 기관사는 여러분을 한사람 한사람씩 깨워 유령열차로 데려가게 될 것입니다. 여러분이 유령이 되지 않고 다시 살아나기 위해서는 마지막 친구가 유령열차에 탑승하기 전에 눈을 뜨는 것입니다. 그러면 여러분 모두는 자신의 집으로 돌아가 가족과 행복하게 살 수 있습니다. 그러면 지금부터 유령열차 출발합니다."

02 한 명의 유령열차 기관사를 제외한 남은 아이들은 모두 고개를 숙이고 눈을 감는다.

03 유령열차 기관사는 원 바깥을 돌면서 한 명씩 어깨를 친다. 고개를 숙여 엎드려 있다 누군가 자신을 치면 일어나 기관사를 따라 걷는다.

04 유령이 되어 일어난 아이들은 유령열차의 기관사와 서로서로 손을 잡고 연결하여 걷는다.

05 놀이를 하는 중에 자신이 가장 마지막에 남은 사람이라고 생각되면, 고개를 들어 눈을 뜬다. 그런데 앉아있는 아이들이 있고 자신이 마지막이 아니라면 일어나 함께 유령이 되어 기관사 뒤쪽에서 따라걸어야 한다.

06 가장 마지막 아이가 남게 되면, 원래 원을 한 바퀴 도는데 기관사가 출발했던 지점으로 다시 돌아오면 유령들이 승리하게 된다. 마지막 아이가 중간에 눈을 뜨면 인간의 승리로 끝나게 된다.

01 비 오는 날, 진행하면 좋은 놀이인데 미리 유튜브에서 '공포 브금' 검색어로 검색해서 놀이를 할 때, 배경음악으로 틀어주면 더욱 실감나게 놀 수 있습니다. 물론 교실 형광등도 다 꺼서 분위기를 만들어 주세요.

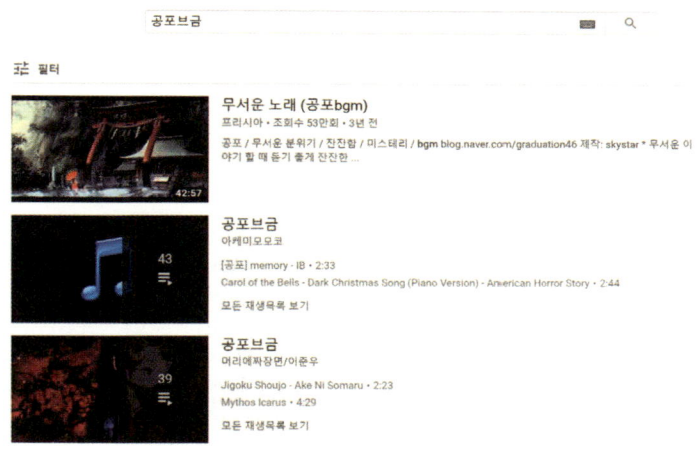

02 마지막 한 바퀴를 다 돌고 난 후에도 앉아있는 마지막 한 사람이 눈을 뜨지 않으면 모두들 얼굴을 가까이 들이대고 조용히 기다립니다. 뭔가 이상한 분위기에 눈을 떴다가 본인도, 모두들 다 빵 터지며 웃게 됩니다.

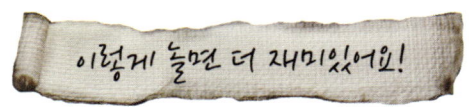

01 고학년 아이들 중에 이성간의 스킨십을 부담스러워하는 분위기라면 강제로 손을 잡게 하지 않고 기관사를 따라 가도록 합니다. 이때 뒤를 따라 가던 아이들도 앉아있는 아이를 손으로 건드려 일으켜 세울 수 있습니다. 너무 지나치게 모두 손을 대지 않도록 사전에 안내를 해주면 좋습니다.

02 마지막 한 사람이 남았을 때, 마지막 사람이 눈을 뜨면 유령이 되어 멀리 떠날 뻔했던 모두를 살리는 것이므로 마지막 큰 원을 돌기 전에 기관사를 제외한 모두가 함께 무한도전에서처럼 손을 펼쳐 눈을 뜨라고 텔레파시를 보내는 시간을 줍니다. 우연히도 이때 눈을 뜨면 모두가 살아나고, 마지막 남은 아이가 기관사가 되어 다음 놀이를 진행합니다.

우리 반 마음이 딱딱 맞는
박수갈채 게임

 박수를 치면 손바닥에 있는 경혈을 자극해 이와 연결된 심장과 폐 등 장 기능을 활성화시키고 기의 흐름과 혈액순환을 촉진하는 효과가 있다고 합니다. '박수갈채' (Pass the clap) 게임은 동그랗게 모여 박수를 전달하며 서로의 마음을 하나로 이어가는 학급 세우기 놀이입니다. 특히 시간을 정해 박수를 전달하며 점점 빨라지는 속도만큼 우리 반이 더욱 단합이 되어 감을 느낄 수 있어서 좋습니다.

 **책상을 벽으로 밀고 모두 동그랗게 원으로 모여 의자에 앉습니다.**

01 먼저 선생님이 박수를 한 번 친다.

02 이어 시계 방향으로 돌아가며 박수를 한 번씩 친다.

03 최대한 빠르게 박수를 치도록 한다. 이렇게 원래 선생님 자리까지 박수가 전달되면, 이번에는 반대 방향으로 박수를 치게 한다.

04 이렇게 시계 방향으로 한 번, 시계 반대 방향으로 한 번, 모두 두 번 돌고 난 후의 기록을 휴대전화 스톱워치로 재고 발표한다.

05 다음에 도전할 때에는 "현재 기록이 ○초인데, 우리 반이 노력하면 깰 수 있을까요?"라고 물어 아이들의 도전감을 불러일으킨다.

06 도전해서 성공한 기록을 들려주고, 모두 함께 박수를 치며 서로의 노력을 축하해 주도록 한다.

01 박수를 치기 위해서는 자신에게 박수를 전달한 사람과 눈을 맞추고 박수를 쳐야 합니다. 눈을 마주친 후에 다음 사람에게 박수를 넘길 때 서로 더욱 정이 듭니다.

02 공동의 목표를 정해 도전할 때에는 늘 사전에 혹시 친구가 실수했을 때, 어떻게 대하면 좋을까요? 그리고 내가 실수했을 때 친구들이 어떻게 말해주고 격려해주면 좋을까요? 미리 이야기를 나누고 도전합니다.

> 이렇게 놀면 더 재미있어요!

01 새 학기 초라면, '이름 전달 게임'으로 진행해도 좋습니다. 선생님이 "시작"이라고 외치면, 빨리 자신의 이름을 크게 "OOO"이라고 부릅니다. 이어 시계 방향으로 다음 아이가 자신의 이름을 크게 부릅니다. 릴레이로 반 아이들 모두의 이름을 부를 때까지의 시간을 재어 발표하고, 그 기록에 다시 재도전합니다.

02 동그랗게 의자에 앉아있을 때, 양 손을 자기 무릎 위에 올려놓고 박수갈채 게임을 진행합니다. 연차적으로 옆 사람과 겹치지 않게 2번의 박수를 이어 치고 기록을 잽니다.

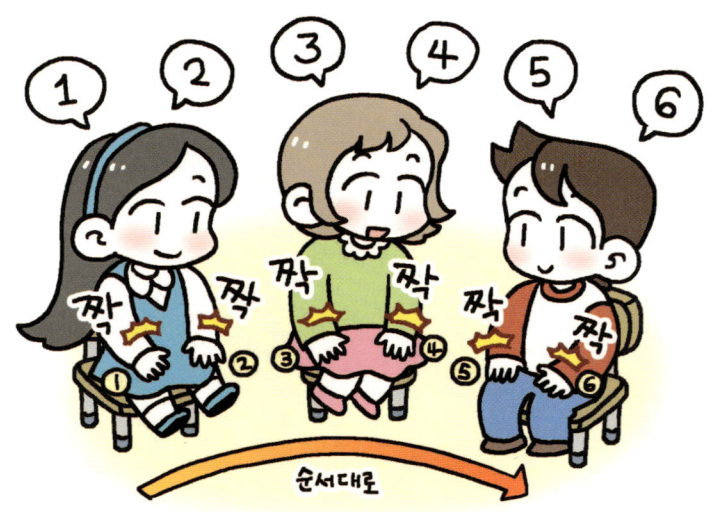

【2단계】는 양 옆 사람 무릎 위에 손을 올려놓습니다. 옆에 있는 사람과 손이 엇갈려 있는 상태로 박수갈채 게임을 시작합니다. 손과 손이 엇갈려 있기 때문에 순간 헷갈릴 수 있어서 훨씬 어렵습니다. 1,2단계는 기록으로 겨루며, 이전 기록보다 얼마나 늘었는지 확인해 줍니다.

【3단계】는 기록과 상관없이 누군가 두 번 옆 사람 무릎을 치면, 방향이 바뀌게 됩니다. 이때 붙어 있는 두 사람이 서로 두 번을 치는 것은 안 됩니다. 이렇게 오가며 무릎을 치는 것만으로도 아이들은 무척 재미있어 합니다.

서로서로 발끝에 걸어
실내화를 옮겨라!

'실내화를 옮겨라' 게임은 동그랗게 모여 발끝에 실내화를 걸어 옆으로 전달하는 놀이입니다. 자주 사용하지 않던 발끝의 감각으로 실내화를 전달해야 하기 때문에 생각보다 쉽지 않습니다. 실내화를 전달하다가 떨어뜨리면, 처음부터 다시 시작해야 하는 놀이로 집중력과 협동심이 무엇보다 중요합니다.

 책상을 벽으로 밀고 모두 둥그렇게 원으로 모여 의자에 앉습니다. 준비물은 실내화 한 켤레만 있으면 됩니다.

01 첫 번째 학생이 실내화를 발끝에 걸고 준비한다. 다른 학생들은 모두 실내화를 벗어 한쪽에 치워두고, 양말만 신고 기다린다.

02 선생님이 "시작"이라고 외치면, 첫째 사람이 발끝에 걸고 있던 실내화를 시계 방향으로 옆 사람에게 전달한다.

03 발에서 발로만 전달할 수 있으며 이때 전달하다가 실내화를 교실 바닥에 떨어뜨리면, 처음부터 다시 시작해야 한다.

04 실내화를 한 켤레 준비했기 때문에 첫 번째 학생은 첫 번째 실내화가 잘 전달되면 이어서 다음 실내화를 시계 방향으로 전달한다.

05 실내화를 떨어뜨리지 않고 한 바퀴 지나 첫 번째 학생에게까지 돌아오면 선생님은 그때까지의 기록을 휴대전화 스톱워치로 재어 발표한다. 이때 두 번째 실내화까지 모두 돌아왔을 때의 기록을 재야 한다.

06 도전해서 성공한 기록을 들려주고, 모두 함께 박수를 치며 서로의 노력을 축하해 주도록 한다.

01 발로 전달하다가 떨어뜨린 실내화는 얼른 손으로 잡아서 첫 번째 학생에게 전달해줄 수 있습니다. 설명을 안 해주면 자칫 이것도 발로 전달하려는 경우가 생깁니다.

02 혹시 친구가 실수했을 때, 어떻게 대하면 좋을지? 그리고 내가 실수했을 때 친구들이 어떻게 말해주고 격려해주면 좋을지 미리 이야기를 나누고 도전합니다. 그런 사회적인 배려가 생활화되었을 때에 아이들은 친구가 실내화를 떨어뜨렸을 때 당황하거나 화내지 않고, 처음부터 다시 천천히 도전하게 됩니다.

> 이렇게 놀면 더 재미있어요!

01 분단 별로 줄지어 경쟁해도 재미있습니다. 이때 분단 별로 의자를 돌리고 제일 뒤쪽에서 먼저 실내화를 발끝에 걸어 전달합니다. 마지막까지 가장 먼저 전달한 분단이 승리합니다. 혹시 분단의 숫자가 맞지 않을 때에는 가장 첫 번째 아이가 전달하고 맨 뒤로 뛰어가 앉아서 전달받으면 됩니다.

02 시작하기 전에 발끝에 실내화를 걸어 교실 끝에 준비한 훌라후프 안으로 던져넣는 게임을 해 보세요. 가볍게 발끝의 힘을 어떻게 실내화에 걸어 전달할 수 있을지 느껴볼 수 있는 워밍업 게임으로 권하고 싶습니다.

03 '실내화 전달하기' 게임으로 응용하셔도 괜찮습니다. 교실의 아이들을 두 팀으로 나눈 후에 아이들의 실내화를 팀의 앞쪽에 모두 모읍니다. 그런 후에 선생님의 "시작" 신호에 맞추어 발에 실내화를 끼워 다음 친구에게 전달합니다. 전달받은 실내화가 전달되어 마지막 아이에게 가면 그 아이는 미리 준비한 훌라후프 안에 실내화를 담아야 합니다. 정해진 시간이 지나면, 훌라후프 안에 담겨있는 실내화의 수로 승부를 가립니다.

04 시간이 충분하면, 정해진 시간동안 '실내화 탑쌓기' 대회를 벌여보세요. 교실의 아이들을 두 팀으로 나누고, 실내화끼리 끼워서 가장 높이 실내화 탑을 쌓은 팀이 이깁니다. 다만 5초 이상을 버틸 수 있어야 인정합니다.

서로의 팔을 모아 팔등으로
공 전달하기 게임

'팔등으로 공 전달하기' 게임은 반 아이들의 소속감을 키워줄 수 있는 유쾌한 놀이입니다. 모두 동그랗게 모여 협력해서 서로의 팔 위로 굴러가는 공을 떨어뜨리지 않고 전달해야 하는 협력놀이입니다. 단계별로 점점 어려워지기 때문에 서로의 호흡을 고려해야 하고, 친구가 실수했을 때 비난하지 않고 어떻게 대해야 하는지도 배울 수 있는 좋은 놀이입니다.

 **놀이방법** 책상과 의자를 벽으로 밀고 모두 동그랗게 원으로 모여 섭니다. 크기와 모양이 다른 공을 준비합니다.

01 모두 동그랗게 원으로 모여 서되 밀집해서 가까이 선다.

02 선생님은 공 하나를 준비해 한 아이의 손등 위에 올려놓는다.

03 선생님이 "시작" 이라고 외치면, 공을 손등 위로 굴려서 떨어뜨리지 않고 전달한다. 이렇게 시계 방향으로 계속 이어굴려야 한다.

04 중간에 떨어뜨리면, 처음부터 다시 출발해야 한다.

05 손등 위로 굴려서 출발한 공이 모두의 손등을 타고 넘어 다시 처음 시작한 아이에게까지 오면 성공이다.

06 선생님은 휴대전화의 스톱워치로 공이 한 바쿠를 돌 때까지 얼마나 시간이 걸렸는지 발표하고, 다음부터는 그 기록에 도전하도록 한다.

01 손등으로 전달하기로 했는데, 중간에 손으로 치거나 머리를 써서 넘기는 경우가 종종 있습니다. 그때도 역시 처음부터 다시 시작하는 것으로 약속을

정합니다.

02 손등으로 전달하다 떨어뜨리는 데 자꾸만 운동능력이 부족한 아이에게서 떨어지면, 아이들의 비난이나 질타가 쏟아질 수 있습니다. 매번 처음부터 시작하지 않고, 그 아이부터 시작하게 합니다. 다만 이때는 현재의 기록에 +10초, 더해서 기록을 재도록 합니다.

03 처음에 연습할 때에는 놀이에 적응할 수 있도록 연습할 수 있는 시간을 충분히 주어야 합니다. 이때 더 많이 연습할 시간을 가질 수 있도록 전체가 모이기보다 작은 모둠으로 나누어 연습합니다. 이렇게 작은 모둠에서 연습이 어느 정도 익숙해지면, 한 반 모두가 모여 도전합니다.

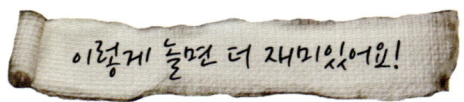

01 1단계는 손등으로 공을 전달하기, 2단계는 팔꿈치와 손등 사이로 공 전달하기, 3단계는 팔꿈치와 어깨 사이로 공 전달하기로 단계를 나누어 차례차례 도전하도록 하면, 아이들의 도전감이 높아져 더욱 집중하고 몰입해 참여합니다.

02 한 모둠으로 운영할 경우, 인원수가 적으니 3~5바퀴 중에서 정해 공이 다 돌아올 때까지의 기록을 측정해 도전합니다. 공이 충분히 있을 경우에는 5~6명 정도의 여러 모둠으로 놀이에 도전합니다. 이때는 정해진 바퀴 수를 어느 모둠이 더 빨리 도는지 기록을 재어 겨룹니다.

03 공이 출발하고 나면, 다음 공을 추가해서 전달해 보세요. 공을 하나씩 더 추가할 때마다 대혼란이 일어납니다. 특히 하나는 시계 방향으로, 다른 하나는 시계 반대 방향으로 출발시키고, 어떻게 하면 좋을지 스스로 생각해 해결하도록 해 보세요. 아이들의 창의성에 스파크가 튑니다.

04 서로의 손을 X자로 교차하여 공을 전달하면 더욱 재미있습니다. 전달된 공이 X자로 교차된 칸에 들어오기 때문에 틈틈이 공이 떨어지지 않는 공간이 됩니다. 게임 방법은 다음과 같습니다.

① X자로 오른팔 왼팔을 교차한 다음 양 옆에 있는 친구 손을 잡는다.
② 시작점 친구에게 공을 올리고, 반시계 방향으로 공을 돌린다.
③ 떨어뜨릴 경우 공이 떨어진 다음 사람에게 올려놓고 다시 시작한다.

허쌤의 교실놀이 팁 — '휴대전화 타이머 게임' 아이들 마음 파고 들기

　모든 아이들의 이야기를 듣고 싶을 때는 책상을 벽으로 밀고 의자만 가져와 모두 동그랗게 모여 앉습니다. '휴대전화'로 타이머를 3분에 맞춥니다. 그런 후에 선생님이 주제를 불러주고 선생님부터 이야기를 시작합니다.

　제가 듣고 싶은 주제는 "친구들과 함께 모이면 가장 많이 하는 놀이는?"입니다. 이런 후에 선생님이 먼저 자신의 사례를 이야기하고, 휴대전화 타이머의 [시작]을 누릅니다.

　이제 아이들은 "코인 노래방에 가서 노래를 해요.", "PC방에 가서 배틀 그라운드 게임을 해요." 차례차례 친구들과 모이면 하는 놀이에 대한 이야기를 짧게 하고 받은 휴대전화를 옆 사람에게 넘깁니다. 이러다가 3분이 되어 휴대전화 벨소리가 울리면, 이야기를 하던 아이가 술래가 됩니다. 술래는 다음 주제를 정하고 먼저 자신의 사례를 이야기한 후, 휴대전화 타이머를 돌려야 합니다. 자연스럽게 아이들 중심으로 듣고 싶은 이야기들을 하게 되고, 빨리 넘겨야 하기 때문에 핵심만 쏙쏙 짧은 시간에 여러 아이들의 이야기를 들을 수 있어서 좋습니다.